吉川 春子

ジェンダー平等社会
めざして

日本人「慰安婦」を
忘れない

かもがわ出版

まえがき

１９９１年に韓国人の金学順さんが日本軍「慰安婦」だったとして名乗り出て、日本政府に損害賠償を求めて提訴し、日本の国民、中でも女性たちに衝撃が走りました。続いて中国、インドネシアなど東南アジア諸国の「慰安婦」数百人が名乗り出ましたが、それ以降も、日本人「慰安婦」は一人も名乗り出ることはありませんでした。こうした経過から、日本では多くの人々が「慰安婦」は朝鮮人か韓国人と思い込んでいて、多数の日本人女性が「慰安婦」だった事を知っている人は少ないのです。

戦後、平和で繁栄を続けた日本の片隅で、偏見・差別、貧困にたえながら世を去った方々。私は国会議員でありながら彼女たちに手を差し伸べなかった後悔から、この本を書くことにしました。

著者たちが偶然に入手したビルマ従軍の日本人「慰安婦」の「名簿」で訪ねたところ、女性が確かに生存していた事実に行き当たりました。その人たちのほとんどは遊廓出身であり、同性たちからさえ無視されようとしたのは、日本独特の公娼制度の歴史に根差すものでした。私は亡き者にされかけた人々の生きた記録に光を当てて、この事実を多くの人に伝える責任があると考えました。

さらに、日本政府は敗戦後も、米進駐軍のために全国各地に「慰安所」の設置を命じ、多くの女性を差し出したことを忘れるわけにはいきません。その根底には、多くの女性が女性という事で生きにくさを強要されてきた原因と通底するものがあるように思えるからです。

その後、アメリカの #MeToo（ハッシュタグ ミートゥー）が日本にも上陸し、フラワーデモが全国に広がりました。こうした女性たちが性暴力を受けても名乗り出られない社会は、ジェンダー平等とは程遠い社会と言わなければなりません。私は参議院議員として、ＤＶ法、児童買春ポルノ処罰法、そして民法改正や「慰安婦」問題解決法案など、女性の人権にかかわる立法を、他党の議員とも協力して取り組んできました。参議院議員引退後は、２０１０年に、仲間と一緒に「慰安婦」問題とジェンダー平等ゼミナールを創設し、調査や講演、宣伝活動に携わってきました。それらを通じて得られた知見をベースに、ここに日本人「慰安婦」問題について報告し、共に考える一助としたいと思います。

ジェンダー平等社会実現は、日本人「慰安婦」問題の解決なしにはありえないと言わなければなりません。


（２０２３年３月記）

日本人「慰安婦」を忘れない
——ジェンダー平等社会めざして

◉目次

装丁　加門啓子

序章　日本人「慰安婦」はどこにでもいた

1　金学順より20年早く名乗り出た城田すず子さん～しかし、その後に続く女性はいなかった

1991年に韓国人「慰安婦」金学順さんが日本軍「慰安婦」として名乗り出て、日本政府に損害賠償を求めて提訴しました。はじめて「慰安婦」の実態を知らされた日本の国民、中でも女性達に衝撃が走りました。

このような経過から日本では多くの人々が「慰安婦」は朝鮮人か韓国人と思い込んでいて、多数の日本人女性が「慰安婦」だった事を知っている人は少ないのです。しかし「慰安婦」制度の根幹は日本人「慰安婦」です。国は戦争を拡大しすぎて日本人女性が足りなくなって、植民地や

占領地の女性にも手を伸ばしていったのです。戦場に行った日本の若者は日本人女性が「慰安婦」として各地にいた事をよく知っています。しかし「慰安婦」については語らずに墓場まで持ってゆくことを強要されたのです。

そうした日本人「慰安婦」の一人が城田すず子さんです。彼女は千葉県房総半島の館山市にある女性保護施設「かにた婦人の村」の地下に眠っています。城田さんが自らの苦しい体験『マリアの賛歌』（かたに出版部）を出版したのは１９７１年で、金学順さんの名乗り出る20年も前です。１９８５年には城田さんの要請に応えて、太平洋を臨む山の中腹に『噫（アア）従軍慰安婦』の碑が建立されます。当時このニュースはラジオと新聞で報道されましたが、大きな話題になることはありませんでした。

韓国発の日本軍「慰安婦」への謝罪・補償を求める動きは大きな運動に発展しましたが、こうした中でも、１９９０年代以降、日本人「慰安婦」は一人も名乗り出ません。名乗り出をサポートする運動も起きませんでした。

韓国人「慰安婦」問題は大きく盛り上がり、一方、日本人「慰安婦」問題はなぜそうならないのか。私は国会議員退任後、「慰安婦」問題に的を絞って活動して以来、この疑問が深まるばかりです。

恩給がない「慰安婦」

戦前、戦中、政府は軍の依頼で必要な日本人「慰安婦」の人数を各県知事に割り当て、県は周旋人（あっせんにん）に遊廓（＝公的な売春宿）から集めさせました。そして日本の御用船（政府の船）で彼女たちを前線に送ることを許可しています。（「支那渡航婦女ニ関スル件伺㊙」昭和十三年十一月四日）

赤紙で招集された軍人・軍属本人と遺族には、戦後今日まで六十数兆円という多額の恩給が支払われています。「慰安婦」に対しては金銭の支払いは一切ありません。従軍看護婦への慰労給付金（雀の涙程）も対象外です。

『河野官房長官談話』に基づいて「慰安婦」被害者に対する謝罪と国民的償いの事業をすすめるために設立した『アジア女性基金』（和田春樹『アジア女性基金と慰安婦問題　回想と検証』）は、日本人「慰安婦」を「償い金」支払い事業の対象外としました。もし含めていれば日本人「慰安婦」が受給の申請をした可能性がありました。当時、自社政権が行った良心的な知識人を集めて性奴隷とされた人々に総理が謝罪の手紙を送り、「償い金」を支払う事業からも排除されてしまった日本人「慰安婦」は、日本社会には居場所がなかったも同然です。

しかも、政府は敗戦後も「慰安婦」を生み出したのです。1945年8月18日、政府は全国の警察に通達を発し、米進駐軍のために北海道から九州まで米兵が行くところすべてに「慰安所」の設置を指示しました。「良家の子女を守るため」と称して娼妓など遊廓の女性だけでなく戦争で配偶者や父親を失い生きる糧を失った女性達を米兵に差し出しました。その数は7万人ともいわれています。また1952年朝鮮戦争勃発時にも前線の兵士の休養地になった日本に休養施設、R・Rセンターを（NARA Rest And Recuperation Center）奈良市に設置しました。にもかかわらず、政府は米軍のための「慰安所」を作り警察に女性を集めさせた事実を、国会で追及されても認めませんでした（１９９６年11月参議院決算委員会資料そのＩ Ｐ１３９）。女性への暴力撤廃のためにはまず、日本の権力者のこうした姿勢とそれを許してきた土壌にメスを入れる必要があります。

女性たちが作り出した変化

アニメ映画『この世界の片隅に』（こうの史代・作）は、あの過酷な戦争に翻弄された庶民の女性の物語です。そして日本の戦後社会の片隅には性暴力の犠牲になった女性も多数いたのです。彼女たちにはほとんど光が当たりませんでした。日本人「慰安婦」は、韓国人より年齢が数年高いことを思えば、もはや生存の望みはありません。彼女たちが日本社会の片隅で必死になって救いを待っていた時に手を差し伸べられなかった私達……悔やまれます。でも韓国人「慰安婦」金学順の名乗り出に応えて、性暴力被害者を救う大きな運動が日本の女性たちによって展開されました。性暴力被害者を支え政府に謝罪、補償を迫る大運動は、日本の近現代史上画期すべき事件です。その結果、植民地支配を反省する潮流の国際社会にあって日本の権力者がいかに無反省で、その歴史認識がゆがんでいるかをも浮き彫りにしました。

そして、アメリカの #MeToo が日本にも上陸します。元祖 MeToo と言われる金学順に、日本人「慰安婦」は続きませんでしたが、ようやくこれを受け入れる土壌が日本に育っています。それは2019年にスタートしたフラワーデモです。今やすべての都道府県に広がりました。

伊藤詩織さんをはじめ勇気ある女性達が、自らの性暴力被害を明らかにして加害者やこれをかばう勢力とのたたかいを開始しました。数千年の歴史を持ち今も続く階級社会は、男性が女性を力で支配する社会です。この「慰安婦」を生む社会を変革する戦いに立ち上がったのです。

女性達が性暴力を受けても差別を恐れて名乗り出られない社会は、ジェンダー平等とは程遠い社会です。「慰安婦」を生まない社会、ジェンダー平等社会の形成が必要です。「慰安婦」問題解決のたたかいが日本をジェンダー平等社会へと導く力となると確信します。

2 元兵士達は語る～日朝協会・ダイヤル110番の記録から

韓国人「従軍慰安婦」金学順が名乗り出て大問題になったその翌年1992年1月、「日朝協会埼玉県連合会」は元兵士を相手に『従軍慰安婦ダイヤル110番』を開設しました。これは非常にすばい対応といえます。元兵士からの電話では朝鮮人、韓国人、中国人の「慰安婦」と共に日本人「慰安婦」が中国、東南アジアやトラック島に到るまで各地の「慰安所」にいた、という報告が寄せられました。このダイヤル110番の「第1集」（1992年3月）、「第2集」（1994年4月）を合本にして『証言「従軍慰安婦」ダイヤル110番の記録』（1995年8月15日第1刷）

が出版（日朝協会埼玉県連合会）されました。その中から日本人「慰安婦」を抽出しました。兵士たちは前線で、日本人「慰安婦」とかなり頻繁に遭遇していることがわかります。また元「従軍慰安婦」の女性も匿名ですがアクセスがあり救済を求めています。

日朝協会ダイヤル110番の記録から

○千葉県　東京都・谷垣康弘、70歳

G憲兵総長より、情報収集活動の手引きにと、銚子、成東、茂原などに、臨時に開設された（1994年10月頃）慰安所に務めている慰安婦の名簿が渡された……ここに慰安婦として働いている女性は貧農、貧困の娘で若干の朝鮮の慰安婦も含まれていた

○トラック島・夏島　埼玉県内在住・男、72歳

「慰安所」が下士官・兵、将校、軍属用と3カ所あり下士官・兵用には沖縄、九州の出身者が8割、将校用は日本人で、軍属用は全員が朝鮮人でした

○中国・駐蒙（ちゅうもう）　大宮市・小平喜一、73歳

慰安所には一般兵用に中国人慰安婦が多数いた。将校用に少数の日本人慰安婦がいた

『証言「従軍慰安婦」ダイヤル110番の記録』

○中国・新瑷琿（しんあいぐん）　深谷市・桜井信治、68歳
街中には軍管理下に慰安所が2カ所。通常戦力600名の国境守備隊の兵士のためと称し将校用「慰安所」（これは日本の女性）
○中国河北省＝北支の日本人「慰安婦」　埼玉県行田市・田口新吉、78歳
陸軍従軍慰安婦には日本人、朝鮮人、中国人の3民族の慰安婦がいた。日本人慰安婦は将校用で料金は5円～8円、朝鮮人・中国人慰安婦は下士官・兵用、料金は朝鮮人は2円50銭、中国人は2円
○中国・満州ハルピン市
☆春日部市・男、74歳
—中支京漢（けいかん）沿線各駅には、軍指定の慰安所があった。沿線に軍指定の「慰安所」には日本人、韓国人で半々「慰安所」にいた
☆神奈川県・三枝末吉
私は昭和16年から兵站（へいたん）病院の衛生兵として勤務。前線では将校たちは兵隊の慰安所とは別に日本女性が内地から来ていた。揚子江以北の漢口、北京、天津南京の慰安所の設備はよかった
○埼玉県在住・男、70歳
日本からもかなりの数に上る「慰安婦」が送られた。看護補助の名目だったり、不良少女又は犯罪を犯して収容所にいた婦人が送られてきた。戦中日本人で「慰安婦」を強制されたAさん

本人を私は知っている。70歳の現在も苦しんでいる

○輸送船の中にも慰安婦　男、74歳
ビルマのインパール作戦に参加。門司港からシンガポールに向かう船の中に女たちが乗船しているのでびっくりした。日本人を始めロシア、台湾、中国、朝鮮人女性がいた

○ビルマの慰安所　長野・男、73歳
現地人（ビルマ人）が30〜40人位、朝鮮人が15人位、日本人が10人位の慰安婦がいた

○マレーシア　北海道・寺内武夫、71歳
何気なく行った「慰安所」は朝鮮の人が多かったと記憶している……日本人の「慰安婦」は将校用でした

○「ソ満」国境　熊本県・男、80歳
慰安所もかなりあって1カ所に30人ぐらいの慰安婦がいました。日本人の慰安婦がいたのは2〜3カ所で、全体の2割ぐらいでした

私は日本人「慰安婦」でした　四国地方・女、65歳
「四国から電話しています。今は子ども達と共に普通に暮らしているので県名や名前も明かしたくありません。昭和16年4月まだ15歳の頃、「旅館の手伝い」という事で台湾のTへMから、もう一人の娘さんと2人で行きました。私たちを連れて行ったのは宮崎県の人でした。はじめは

旅館のようなところで雑用の手伝いをしました。ところが12月8日、太平洋戦争が開戦になると、12月15日頃、軍の命令で「S」という船で10人ほどがフィリピンのマニラに行かされました。まさか「慰安婦」にさせられるとは思っていませんでした。フィリピンではM島のZというところに昭和17年までいました。「慰安所」では昼は兵隊の、夜は将校の相手をさせられ定期的に軍から検診をされたが、まるで物を扱うようでした。その後フィリピンを引き揚げシンガポール経由で香港に行き終戦までいました。

終戦とともに日本に引き揚げました（K港に入港）。一緒に帰ってきたのは長崎県3人、鹿児島県1人、沖縄が2人いました。朝鮮の人も大変だったので補償は当然です。私たち日本の「慰安婦」もぜひ補償してほしい。何しろ軍の命令だったのですから。（1992年3月10日）

＊この方は匿名で『従軍慰安婦ダイヤル110番』にアクセスしてきた方です。城田すず子さんから20年後に名乗り出て日本政府に補償を要求した日本人「慰安婦」です。「今は子どもたちと普通に暮らしているので名乗り出たくない」という事でした。

偶然入手した日本人「慰安婦」の「名簿」を私たちが訪ねたところ、女性が確かに生存していた事実に行き当たりました。亡き者にされかけた人々の生きた記録に光を当て、残したいと思います。また遊廓出身という事で（おそらく）、同性たちからさえ無視されようとした理由を探りたいと思います。その根底には、女性という事で生きにくさを強要されてきた原因と通底するものがあるように思えるからです。

第一章　ビルマ従軍の日本人「慰安婦」調査

プロローグ　一通の手紙

参議院議員をリタイアして2年経った２００９年、京都市内で「慰安婦」問題の講演をした数日後、和紙の便箋と封筒の達筆な手紙が届きました。差し出し人は大阪の藤園淑子さんでした。

手紙の内容は、次のようでした。

「(吉川の）講演会から帰って仏壇の前の叔父に報告をし、押し入れの整理をしていたら、叔父から送ってきた「慰安婦」の方々の実名や住所の書いてある手紙がひょっこり出てきました。

１９９０年叔父の戦争体験記『ああ、策はやて隊』が出来たころから、国会では慰安婦問題が追及されるようになりました。その後法事で会うたびに叔父に、慰安婦の方々が今どうしているのか、その方々の住所、氏名を教えてほしいと頼みました。退職したらその方々にお会いしたいと思ったのですが、加齢と共に経済的にも不可能になりました。……僧侶であり、軍医であった叔父の戦争体験記をもらった日の事を思い出します。私が寺を継がず、共産党員になった事を知って送ってくれた手紙がはからずも今日、吉川先生の講演を聞いた日の夜、見つかったのはまさにこのチャンスを待っていたかのように、お浄土にいる叔父からのメッセージのように思われます。プライバシーの問題ゆえに今まで誰にも見せられなかったこの手紙を託すことができるのは、共産党の吉川先生しかいないと思っています。二度と戦争をしないために、憲法9条を守るために、哀しい人生を歩かざるをえなかった慰安婦の方々のために、女性の人権のために役立ててください。お願いします。

そして34年間教師だった私の思い「教え子を再び戦場へ送るな」が届くように念じています。かしこ」

藤園さんからの手紙は、今まで公文書の上でしか存在しなかった日本人「慰安婦」が生身の人間として存在していたという衝撃的な事実を私に教えてくれました。しかし私は50年前の住所が今もなおある、とは思えませんでした。日本は昭和30年代(1955年～)と1990年代の二度、大掛かりな町村合併を行っています。私は国会図書館に通い町村合併前の地名を調べ、戦前の住所にたどり着こうとしました。

この名簿を学者、研究者に提供し共同調査についても考えましたが、個人情報保護の観点から藤園さんは慎重でした。性暴力の被害者は差別され侮辱されるが、加害者は枕を高くして眠っているという日本の現実は、「従軍慰安婦」だけでなくすべての性暴力に共通しているところです。

事実、公然と調査し結果を発表することの難しさは日本人「慰安婦」調査の過程で何度もぶつかりました。このような試行錯誤に私は数年を費やしました。

調査を促したもの

私が日本人「慰安婦」調査の行動を起こしたのは2016年3月でした。前年の2015年12月28日にはアメリカ政府（オバマ大統領時代）の仲立ちもあり「日韓合意」が結ばれました。日韓合意では元「慰安婦」支援のために設立する財団に、日本政府が10億円を拠出しました。かつて「アジア女性基金」の償い金が、政府資金ではなく日本国民からのカンパによる点が韓国の不興を買った「反省」に基づいたものです。

しかし合意に至る経緯、合意の文言、右翼勢力の悪意に満ちた国会質問とそれに呼応する安倍総理の答弁が、韓国のNGOと運動を共にする韓国人「慰安婦」の反発を買ったのです。韓国の政権が文在寅（ムンジェイン）大統領に代わり、「財団」は事業の途中で廃止されました。韓国の「慰安婦」問題を解決するための「合意」が日韓関係をこじらせ解決はかえって遠のきました。

私にとってこの時期は『慰安婦』問題とジェンダー平等ゼミナール」というNGOを仲間とともに立ち上げて5年を経過していました。予想外の困難も起きましたが、それを乗り越えて活動を軌道に乗せることができました。この間の自分達の活動が日本女性の人権向上にどう作用したのか、客観的に見つめなおす余裕もできました。しかし「日韓合意」で運動の困難さに改めて直面したことも事実です。

議員時代に私は知人からの情報で千葉県館山市、房総半島突端にそびえ立つ「噫(ああ)従軍慰安婦」の碑を見に行きました。このような碑が建っていること自体に大変衝撃を受けました。にもかかわらずその後、この問題について取り組んではきませんでした。

一切の施策から取り残されている日本人「慰安婦」、それを是としてきた国民、この中に私自身もいたのではないのか。こうした思いで私は、数年前に入手していた「名簿」の調査へと向かったのです。

1　ビルマ従軍の日本人「慰安婦」調査

⑴ 名簿提供者、笠置慧眼という人物

「『慰安婦』問題とジェンダー平等ゼミナール」（「当ゼミナール」と略称）では日本人「慰安婦」調査チームを作り、２０１６年〜２０１８年にビルマ従軍の日本人「慰安婦」９人と「慰安所」の経営者１人の計10人の「本籍」、「現住所」の調査を行いました。

この日本人「慰安婦」名簿（「名簿」と略称）の提供者は元軍医で僧侶の笠置慧眼（かさぎえげん）氏です。同氏は『ああ、策はやて隊　私のビルマ従軍記』（１９９０年７月20日初版発行西部読売開発出版部）を出版しました。同書一一に「第二八軍傭人（ようにん）（慰安婦・吉川注）隊一覧表」（３８７頁）が掲載されています。しかし「慰安婦」の本名、本籍地の所々に●が付されおり、個人情報を読み取ることはできません。それで姪の藤園淑子さんが叔父の笠置氏に依頼して名簿の原本を入

笠置慧眼著『ああ、策はやて隊
私のビルマ従軍記』

手しました。この名簿が吉川に渡った経緯は「プロローグ」で述べました。

笠置慧眼氏は藤園淑子さんの母の弟で、1919（大正8）年大分県速見郡日出町で生まれて京都西本願寺で得度し僧籍に入ります。1942（昭和17）年　平譲医学専門学校卒、短期現役軍医候補生として丸亀連隊に配属されて軍医少尉に任官し、ビルマ派遣団第五五師団衛生隊に配属されます。1944（昭和19）年に中尉に進級します。

＊はやて隊とは「軍参謀故土屋栄一氏が戦後発表された〝ビルマ戦線夜話〟によれば、『疾風隊の教育は、陸軍中野学校を小規模にしたようなもので、精神教育に重点を置き、犠牲的精神を強調した。特に小野田少尉のように敵中に残る残置諜者が、最も困難な任務に就いた場合も安心立命を得ることを主眼としたが、それはよく隊員に浸透した』とし……」（以下略）「はやて隊の歌」の訂正について（笠置慧眼）

笠置氏は、敗戦後英軍捕虜を経て1946（昭和21）年5月、空母・葛城で大竹港に上陸復員しました。1970（昭和45）年7月に、前出の『ああ、策はやて隊　私のビルマ従軍記』（西部読売開発出版部）を出版しました。

この著書には軍人の『従軍記』でありながら、日本軍や自らの戦果を誇る記述は見当たりません。淡々と事実を書いています。捕らえられた土地の農民の捕虜の運命に同情する記述もあります。とりわけ「第二八軍傭人隊」という一節を設けて「慰安婦」の様子を客観的に詳述しています。

個人情報に配慮しつつも名簿も載せています。この章に限らず「慰安婦」の記述は他にも出てきますが、売春婦として見下す表現はありません。もちろん現地の女性を「慰安婦」にするため軍医として性病検査を実施する事も記述しています。ここには当然のこととして検査を実施しており、当時の普通の軍人としての姿があります。

私が注目したのは、本の出版が1990年7月という時期です。つまり金学順が名乗り出て日本政府を提訴する1年前で、韓国から本格的に「慰安婦」制度に対する批判を受ける以前の記述である事です。

笠置軍医は昭和19年10月、タワラジ（地図下・左側）の第二八軍「策はやて隊」（秘密部隊）に転属

藤園さんによると、笠置氏は復員後熊本大学医学部の学生となり、会うたびにせがまれるままにビルマの戦争の様子を姪に語った、という事です。笠置氏は「兵戈無用」という釈尊の言葉を座右の銘にしていました。武力を否定する平和の思想です。その気持ちから、日本共産党の活動をしていると承知の上でこの「名簿」を託してくれたのであろう、と藤園さんより伺ったことが

あります。

⑵ ペグーの慰安施設

笠置軍医の所属するビルマ（※現在はミャンマー）の二八軍（ペグー駐在、右の地図）には慰安施設が３つありました。

ペグーだけでも３カ所の慰安施設があったということは、ビルマ全体にはかなり多くの慰安施設があり、女性（慰安婦）がいたことがうかがえます。１９４４（昭和19）年12月上旬、パウンデにあった笠置軍医の所属の第二八軍司令部が１２０キロ南のタイキ山中ジュビー湖近くに移動して、司令部に付属していた３つの慰安施設「翠香園（すいこうえん）」、曙食堂、八雲荘」も移動しました。（『ああ、策はやて隊』Ｐ３７７）。

○「翠香園」は和風料理屋です。軍司令部から７００メートル北北西にあって、もっぱら軍司令部の佐官級以上の慰安施設で将校集会所と呼ばれていたようです。笠置氏は「私のような下級将校が行けるところではなかった」としています。

○「曙食堂」は酒保（飲食店）です。翠香園と八雲荘の中間にあり、大尉以下、兵に至るまで誰でも気安く飲み食いできる場所です。

○「八雲荘」は、下士官と兵用の「慰安所」で、「はやて隊」から５００メートルの北東にあり

15名の女性がいました。日本人と朝鮮人女性が半々いたと「名簿」から推定できます。(笠置氏は)「はやて隊だけなら十分なのだが、2キロ東方の軍司令部には200名以上の下士官、兵がいるのだから早く行かないと目的が達成できないぞ」と部下たちに注意を促しています。そして、「はやて隊」結成後に隊長が「精力のはけ口はかならず解決してみせる」といったのは、軍司令部にはちゃんとこのような施設が付属していたからであろう、と述懐(じゅっかい)しています。

(3)「名簿」に記された「慰安婦」達の運命

「名簿」は笠置慧眼氏の依頼でI(軍属)氏が作成したものです。私に送られてきたものには、A3版縦書きの罫線入り用紙1枚に、日本人女性9名、本籍地が朝鮮の女性8人と「慰安施設」八雲荘主人夫妻、曙食堂主人、朝鮮人と思しき料理人1人を含め21名の氏名が記されていました。一人ひとり、本人の氏名、本籍地、現住所、戸主、芸名が掲載され、欄外には戦死、落伍、手榴弾自決等と記されています。

「名簿」の末尾には慰安施設主人2名と同夫人(3人とも日本人)、料理人(男性・朝鮮人)が記載されています。

私たちは日本人女性9名と、慰安施設・八雲荘の主人Aの10人の調査を行いました。本籍地が朝鮮半島の女性8人は、在日韓国人の研究者に託しました。(写真次頁は『ああ、策はやて隊』掲載の「名簿」。

(4)「名簿」欄外の笠置元軍医宛のメモ

この名簿の用紙の左端にはこの名簿作成者のI氏の走り書きメモがあります。彼は軍属として「慰安婦」を集めビルマまで連れて行った責任者と目され、戦後は東京に住んでいました。以下は引用です。

「列記の通り自分を含めて総勢三十二名　戦傷②　病死③　落伍④　戦死③
誠に申し訳けございません。文中慰安婦とあえて列記しませんでした。私は身分の通り当時は軍属でしたが何かプライドを考へると遂い（ママ）筆が走りませんでした。軍の給仕婦とか食堂の女中とかお任せ致します。大変遅れまして恐縮です。お任せ致します。敬具　　六十?年十二月九日

表3　第二八軍傭人隊一覧表

傭人隊隊長　東京都葛飾区新小岩　　五十嵐　信一

本籍地	芸名	本名	備考
福岡県	お吉	●田タツエ	
熊本市	喜三代	亀●吉子	戦傷
大分県	ツヤ子	月●ソヨ子	死亡
長崎県	小太郎	●内政江	
●●県	ひとみ	山口ツヤ	戦死
長崎県	久千代	●原ヤス子	落伍
福岡県	文子	木●文子	
鳥取県	ルリ子	●本清子	
広島県	マリ子	宮●定子	
鹿児島県	小舟	石●ヨシエ	
大分県	ツヤ子	●田ツヤ	戦死
福岡市	サカエ	高●サカエ	
福岡県	お君	竹●君子	落伍
奈良県	ハツエ	●藤トク	
熊本県	マサ子	●川シヤ	
●●県	笑顔	椎葉ヨシエ	戦傷
佐賀県	照代	陣●イサ	
山形県	セツ子	島●淑子	
和歌山県	キヨ子	●●喜代子	落伍
慶尚南道	八千代	●坂末定	
大邱府	玉子	大●丙柄	
慶尚北道	豊子	●島再炳	
慶尚北道	定子	許●順	
京城府	節子	●山節子	落伍
大邱府	信子	黒●令仙	
慶尚北道	シズエ	金●奉春	落伍
慶尚北道	カツエ	金●述伊	
慶尚北道	料理人	●堂命●祐	戦死
不明	曙食堂	佐●源●郎	主人
福岡県	八雲荘	有●政助	主人
長崎県	八雲荘	井●ワキ（有●政助氏の夫人）	自爆

『ああ、策はやて隊』掲載の「名簿」（P387）

笠置先生

○○拝」

なお、ペグーの「慰安所」「八雲荘」等にいた慰安婦たちは１９４５年４月以降、軍隊につかず、離れず？ ジャングルを逃避行し、１９４５年８月24日にモールメンまで到達しました。「名簿」に掲載された日本人「慰安婦」９人中、戦死は（ＴＨ）、病死は（ＫＳ）、落伍は（ＫＴ）、戦傷は（ＹＳ）で、あとの５人は生還しました。戦傷のＹＳもＩ氏に背負われてジャングルを通過して生還しました。

また日本人「慰安婦」とは別行動の朝鮮人「慰安婦」は、８名中２名が〝落伍〟、１名が〝戦傷〟です。生存者は逃避行の後、敗戦後に連合軍（イギリス軍？）に保護され日本に送還されたと思われます。

２　日本人「慰安婦」調査に参加した６人の思い

(1) 日本共産党地方組織の協力で

この活動は個人的に実施することは不可能です。またこの調査費用は個人負担でほぼ賄われましたが、雑誌等で私たちの調査を知った女性から多額のカンパが寄せられ、航空機を利用して移動の時間短縮ができ、大変助かりました。また、現地調査に当たっては日本共産党の地方組織や地方議員、或いは郷土史研究家の力を借りました。まったく未知の住所を訪ねる調査でしたが、こうした人々の協力で成果をあげることができました。

この調査には私吉川春子の他、名簿提供者の藤園淑子（大阪在住）、そして具島順子（福岡在住）、棚橋昌代（東京在住）、五十嵐吉美（青森在住）、小林淳子（川崎在住）のみなさんが参加しました。

⑵ 調査に参加した6人の思い

この調査に参加した６人の意気込み、思いを次に掲載します。これは日本人調査座談会（２０２２年5月15日実施）で語られたものです。２０２２年9月から「『慰安婦』問題とジェンダー平等ゼミナールニュース」に６回連載される予定です。以下「ゼミナールニュース第52号」から採録します

司会（吉川春子）　座談会の意義

皆さま、本日は座談会ご参加ありがとうございます。当初今年1月に予定していましたが新型コロナウイルスの猛威が収まらず延期しました。今回みなさんの体調も整い、北は青森、西は福

岡、そして大阪に首都圏が3人と、6人そろって座談会を持つことができました。

名乗り出ない、日本人「慰安婦」

さて、日本人「慰安婦」はかなり多数いたにもかかわらず、実態がほとんどつかめていません。政府は隠蔽（いんぺい）し、従軍兵士は沈黙し、女性自身も名乗りを上げず、まして政府の責任を追及し提訴した人は1人もいないからです。

なぜ名乗り出ないのか？「理由ははっきりしている。日本の力ある市民が誰も名乗り出て、と呼びかけもしない。それを助けようともしないからだ」と、藤目ゆき大阪大学教授は指摘しています（2018年7月「当ゼミナール」の講演）。「日本の力ある市民」とはだれでしょうか？運動を進めてきたNGO（民間団体）も含まれるでしょう。

国会議員は「国権の最高機関」（憲法第四一条）のメンバーであり、責任はより重いと言えます。藤目先生の批判は私にも向けられたものと受け止めています。

2002年3月に野党3党（民主党、日本共産党、社民党）が参議院に提出した「戦時性的強制被害者（=従軍慰安婦）問題解決促進法案」は、わざわざ日本人「慰安婦」を救済の対象から外しました。私は外すことに反対しましたが、受け入れられませんでした。

私は法案提案者として責任を感じています。

本日の座談会の目的の第1は、お互いの記憶を呼び覚まして、調査の具体的事実を詳しく記録に留める事です。第2は、「慰安婦」問題は日本現代史における最大の性暴力事件なので、今日頻発する女性への暴力にどんな影響を及ぼしているのかを探りたいと思います。

まず藤園さんが叔父の笠置慧眼氏より名簿を入手した経緯をお話し下さい。

藤園淑子

私は1947(昭和22)年に小学校に入学しましたが、母の弟である叔父はその前年1946(昭和21)年にビルマから復員してきました。熊本大学医学部に再入学し、夏休みになると大分の実家に帰省していました。私も夏中、母の実家に行っていましたので、叔父からいろんな話を聞きました。

私は進学、就職で大分で開業している叔父とは一時期、疎遠になりました。

1980年に私の母がなくなり、叔父は世話になった姉(藤園さんの母)の法事に来て、私は会う度に「戦争体験を話して」と頼んでビルマの話を聞きました。

何年かして「これが俺の青春だ」と言って渡してくれたのが『ああ、策はやて隊』です。叔父はこの出版前にも小冊子を出版していて私にもくれました。仕事の忙しさに明け暮れ「名簿」とはしばらく縁のない日々が続きました。

この本を読んで驚いたことが二つあります。一つは叔父が、現地の女性を「慰安婦」にするために性病検査を行っていたことです。そしてもう一つは、この本に「慰安婦」だった人たちの名簿が載っていたことです。その時は何とも思わなかったのですが、何年かしてからこの「慰安婦」の人たちの住所とか名簿を持っていたら送ってほしい、と言ったら送ってくれました。

司会　叔父さんから「名簿」をもらってどうしようと考えたのですか。

藤園　当時はまだ教員として働いていました。将来、定年になって時間ができたら、各地にある女性達のお墓を訪ねてお線香をあげたいと思っていました。実家がお寺で、以前は自分も跡を継ぐことを考えていましたので、寺を継ぐ者として、また女性としての役割ではないか、と考えていました。

「名簿」が次に日の目を見たのは２００９年、吉川さんの京都の演説会を聞きに行って、そのことを仏壇の叔父に報告した際、偶然発見したのです（十数年ぶり?）。その後「『慰安婦』問題とジェンダー平等ゼミナール」から誘いを受けて入会し、「慰安婦」の女性を訪ねることは一人の仕事じゃない、と思いました。

吉川

「調査に参加し全体的に思ったこと」―自分の活動をふり返る契機に

はじめに私から発言します。実際に調査に着手したのは「日韓合意」の翌2016年です。名簿入手から数年間ブランクがあります。この間私は仲間とともに「『慰安婦』問題とジェンダー平等ゼミナール」を結成して運動に取り組んでいたので、日本人「慰安婦」問題に取り組む余裕がありませんでした。しかし数年が経って自分の活動を客観視できるようになり、私は韓国の運動団体のリーダシップで進んできた日本の運動に悩みはじめた時期です。

視点を変える意味もあり、大阪在住の藤園さんが実家の法事で鹿児島に行く機会に合わせて、日本人「慰安婦」の調査に九州で着手することにしました。

この調査では日本共産党の勤務員、地方議員、郷土史研究家が女性の本籍地調査の旅へ案内してくれました。日本共産党の組織力なくしてこの調査は成り立たなかったと思います。改めて日ごろから地を這うように活動している党組織の底力を思い知り、尊敬の念を新たにしました。

この調査でわかった事

実際に調査で各地に行ってみると実に多くの事がわかりました。

第1に、海外渡航が自由でなかった当時、「慰安婦」として警察の特別の許可を得てビルマに渡った女性達の「本籍地」も「現住所」も正確であった事です。70年以上経過してもその住所に私達がたどり着けた事に、日本の戸籍制度つまり権力者による国民支配の手段の正確さを感じました。

第2に、名簿には戸主の名が記されていました。当時、戸主は目上の尊属、すなわち父親、兄、祖父等です。しかし中には女性と戸主の姓が違う場合もありました。この場合女性が働いていた遊廓の雇い主と養子縁組をしていた可能性もあります。また、女性達は売春婦になるについても戸主の許可が必要でした。当時の女性が家父長制の下に支配されていた事を再認識しました。

第3に、私たちが辿りあてた「慰安婦」＝日本人女性達は全員遊廓に働いていたと推測できます。遊廓は日本人「慰安婦」を各国に送り出した元締めです。日本政府は遊廓の女性を真っ先に「慰安婦」として海外の占領地に送りました。前借金も500円～1000円（現在に換算し400万円～800万円）を支給しました。これは1997年に警察庁が私に提出した警保局の公文書に記録が残っています。遊廓の娼妓たちは多額の前借金を背負っていますから、軍や政府もただで「慰安婦」にするわけにはゆかなかったのです。政府は前借金の肩代わりをして遊廓の女性達を戦地の「慰安所」に送ったのです。

私は女性たちの「本籍地」や「現住所」を訪ねて、どこにも遊廓があったことに驚きました。日本は遊廓列島です。港、大きな河口、工場、神社、観光地など、男性が多く集まる場所に必ず遊廓がありました。男性は遊廓で女性を買う、これは日本の残酷な「文化」です。

しかし誰もが生まれながらに遊女（売春婦）であったわけではありません。そこで働かされる女性達はもとはといえば、農村などの貧しい家から売られてきました。金は父親が受け取り少女は借金を背負わされて働く。借金は、雇い主がいろいろな名目で加算するので、年々増えて一生抜けられません、性病にかかって健康を害し短い命を終えてゆく……そうした女性たちを戦争が始まると、お国のためと言いふくめて従軍「慰安婦」として海外に送る……これが日本人「慰安婦」の姿だったのです。

具島順子

13調査のうち11調査に参加

まず、私は福岡在住という事もあって九州各県の調査に参加し、関西だけは行きませんでしたが山形の調査にも行きました。13の調査のうち11調査に参加いたしました。

私は日本人「慰安婦」というものを、太平洋戦争開戦の早い時期に、上海の日本軍から各県知事に300人とか、500人の女性を送れという要請があって行ったと思っていました。

この調査の対象のビルマの日本人「慰安婦」は大変遅い時期、敗戦の1945年の1年か2年前に行ったという事になります。これは天草で、慰安婦であったSYさんの甥のTさんにお会いした時に、昭和18年にSYさんの働いていた熊本県八代の遊廓に行って母と一緒に泊まったとの証言をいただきました。だから昭和18年に日本にいたことに間違いありません。昭和18年の遅い時期か昭和19年に女性達はビルマに渡ったという事になります。

このビルマ戦というのは大変過酷な戦争で、30万人を投入、18万人が戦死したといわれています。戦争が終わりに近い時期なので海には機雷が多数施設されていて船が沈没した、と聞いています。非常に広範囲に集められた女性達がどこに集められて船で行ったのか、何とか知りたいものです。

藤園さんが手にされた名簿は『ああ、策はやて隊』に掲載されていますが、笠置軍医は1990(平成2)年にこの本を出版しておられます。そして笠置さんは本に書くため「慰安婦」たちの詳細を、傭人隊隊長のI氏に要請されました。I氏は昭和60年に「慰安婦」原本を笠置さんに送っておられます。昭和60年といえば、戦後40年です。I氏が40年もの長きにわたり処分せずに持っていたことに、私は驚きました。もし、処分されていたら、このビルマの従軍「慰安婦」は闇に消えていたのです。I氏はジャングルで象に襲われ肋骨を骨折、その体で、足を骨折して歩けないSYさんを背負ってジャングルの逃避行を続けておられます。責任感が強い方だと感心します。

この調査の成功は吉川春子さんのお力の賜物だと私は思っています。吉川さんは日本共産党の参議院議員として4期24年(1983年~2007年)全国で活動されました。「ビルマの日本人『慰安婦』』調査の協力お願い」の丁寧な手紙を、各県委員長に出されました。吉川春子さんの「お願い」なればこそ、日本共産党の各県委員長は、応じてくださったのだと思います。調査に最適な方を探し、車の手配までしていただきました。地方議員、郷土史研究家、赤旗記者などなど。私たちが現地調査に入る前に、その方々は本籍地、現住所など前もって調べてくださったり、適任の方を探してくだっさたり。その土地を知り尽くしておられる方々のご協力があったからこそ、私たちは辿り着くことが出来、調査を終える事ができたのだと心から感謝しています。

最初の調査は熊本県天草からでした。元共産党市議が「私の妻の母が何か知っているかもしれない」と言って、90歳のお母さまの所に連れて行ってくださいました。天草のSYさんは小学校で同窓だったとのこと。甥のTさんを電話で呼んでくださり、「SY叔母は関西の長男の所で暮らしています」と。私たち調査団は目を見合わせ嬉しさを隠しきれませんでした。ビルマから生還したSYさんにお会い出来るかも！　調査の前途は明るい……と。こうして調査は始まったのでした。

棚橋昌代

日本人「慰安婦」は遊廓の女性だった

２０１６年、藤園さんのご協力で、日本人「慰安婦」の名簿を手にし、戦後71年経ち、その方たちの足跡をつかめるかと不安でしたが、生まれて初めての調査活動に参加しました。櫻井よし子等歴史修正主義者は「日本軍に配属された『慰安婦』は、現在報道されているような『性の奴隷』ではなかった。『慰安婦』は公娼制度の下で働いており、当時、公娼制度は世界中で当たり前であった」と主張しています。

当時日本は21歳以上の女性でなければ海外に連れ出せず、日本人の「慰安婦」のほとんどが遊廓の女性であり、強制連行された人たちではありません。しかし、私は、公娼（注・売春婦）なら「慰安婦」になっても「性奴隷」ではないのかと強く思います。頂いた名簿の方のほとんどが遊廓からビルマの慰安所に行っています。私は今回の調査に関連して遊廓の歴史を調べました。戦乱の度に大飢饉による農村の疲弊などで、遊女屋、売春婦が急増し、特に徳川幕府は遊廓街に自治権、納税の免除などを与え、手厚く保護しました。遊廓の入口には大門を作り、見張りを立て、周囲には堀を巡らして遊女たちの逃亡を防ぐ。これは各地の遊廓跡でみられる特徴で、佐賀では、堀とそれにかけられた橋に遊廓の店の名前が彫られた橋げたを見ることができました。この遊廓保護政策で、貧困の農村の女性たちを堂々と人身売買し、遊廓へ女性たちを供給する女衒（ぜげん）たちの存在が、明治、大正、昭和にも引き継がれ、日本人「慰安婦」の人集めに大きな役割を果たすことになりました。

　遊廓では、楼主はその特権を利用し、遊女たちは歯止めのない虐待を受け、一応、廃業の自由があるとされていましたが、借金がかさむ仕組みで、廃業も逃亡もできない性奴隷でした。軍隊の兵営の近隣に遊廓を作らせる政府の方針が発展して、日本軍は満州事変の際に上海に陸海軍が最初の「慰安所」を設置しました。

　日本では各地の廃娼同盟の運動で「貸座敷制度」を廃止しましたが、昭和10（１９３５）年に廃娼同盟は官民連帯の「国民純潔同盟」とされ、戦争が始まると、「わが日本婦人は生命よりも尊き処女の純潔を守る」という国民純潔運動に変えられ、良家の子女の純潔を守るために売春婦は必要という根強い考えが現在まで浸透し、日本人「慰安婦」問題への無理解ともいえる現状の底流に深くあります。帰国後も性売買の仕事に就かざるをえず、身を潜めて生きてこられた元「慰安婦」女性たちを調査する難しさを痛感しました。

五十嵐吉美

名簿作成の元抱主、I氏の心境いかに？

１９９１年金学順さんの告白以来、「慰安婦」問題について学び、２０００年世界女性戦犯法廷にも参加しました。日本以外の被害女性についてはいろいろ調べられていて、その酷い実態はやはり人権侵害、とりわけ女性への性暴力は最大の人権侵害だということが１９９３年ウィーンの世界人権会議で論議されました。私は、世界的な運動の高まりの中で、「慰安婦」問題を課題としてやってきました。

日本人「慰安婦」については、その存在は知っていたし、待遇が韓国や北朝鮮、中国、フィリピン、インドネシアなどの女性たちとは異なると思っていました。さきほど棚橋さんが言われたように、日本人の場合には国内法などにより、少女は「慰安婦」にできない背景があったということも理解していました。

２００７年世界各国議会から日本に対する加害責任への決議があがりました。謝罪し問題解決に動かない日本政府に対して各地で追及の声は大きくなりましたが、やがて加害責任を問う声も弱まり、「慰安婦」問題の解決が遠のきました。その中で私は、この『ああ、策はやて隊』を読みました。そこで笠置さんが「これが私の青春だ」と書いた、何ともやりきれない気持ちが心に残りました。

名簿は、当時身分は軍属のIさんが戦後になって、笠置医師の求めに応じてきちんと書いて送ったものですよね。「筆が進みませんでした」と気持ちを述べていましたが、その当時のことを鮮明に思い出されたのではないでしょうか。「慰安婦」の女性たちが戦死だの病死だの落伍したなどと書きしたためた時のIさんの気持ちはどんなだったでしょうか。日本や朝鮮の女性達を、仕事だったとしても戦場で管理していたわけですね。戦後になって、どんな気持ちで名簿として女性達の名前や本籍地を書いたのか、と考えます。

私は山形の調査に参加しました。被害女性の関係者のところには直接行きませんでしたが、吉川さんや藤園さんが仏壇に飾られた遺影をご覧になって、「美しい女性だった」と確認できたことは貴重です。

「慰安婦」問題は、私たちの社会から生み出されたという、深いところでとらえることが大事だと思いました。他の国の被害女性達に対しても大きな責任がありますが、日本女性に戦時性暴力が制度として遂行されたのはなぜかという問題意識で追及していくことが、私たちの責任だと感じています。

小林淳子

日本人「慰安婦」をタブーにしてはならない

どれくらい前からだったでしょうか。自分の意識の中に「従軍慰安婦」という言葉が刻まれ、引っ掛かりを持っていました。しかし、中小業者の女性団体の活動に忙殺され、2016年に引退するまで深く学ぶ機会を得ずにきました。現役のころ、たしか池袋のどこかの信号待ちでしたが、向こう側に立つ吉川春子元参議院議員を見かけたのです。帰宅して、ふとインターネットなどを検索すると、「慰安婦」問題に関する著書を書いていらっしゃること、選択的夫婦別姓など両性の平等、女性の地位向上に関する国会活動に努力されていたことなどが改めてわかり、気持ちに残りました。それからしばらくして、品川区の婦人民主クラブの集まりに来賓で見えた吉川さんに再会（一方的ですが）し、つい、お声をかけさせていただきました。その日が、私と『慰安婦』問題とジェンダー平等ゼミナール」の出合いです。そして、私の概念にまったく、といってなかった、日本人「慰安婦」の歴史との出合いになりました。

ゼミナールの活動に参加してはっきりしたのですが、私の中にあった引っ掛かりは、韓国や中国などを中心とした、諸外国の被害女性達のみのことでした。拉致され、強制的にその暗黒に陥れられた被害者一人ひとりの人生は比較しようがありません。しかし、私たち日本人は、なぜこれほどまでに日本人「慰安婦」の事を知らされず知らずに来たのでしょうか。「彼女たちはその商売で生きてきたからいいのだ」という構造で語られ、だから彼女たちはいいのだと封印され、タブー視され、歴史からなきものにされてしまったんですね。貧困・口減らし・家族のために・女性だから……。当時の娘たち女性たちを取り巻くどうしようもない定めが、戦争という一部の人間のエゴにその人権が巻き込まれていく様を、もう何十年も経ってしまいましたが、直視しなければならないと思います。

この調査は、ゼミナールのみなさんの草の根の行動で進められていますので、話を聞き関わってもらう一人ひとりの方々に気遣いながら働きかける、本当に地道で限界のある活動でした。しかし名簿に基づいて出身地、その土地に立ってみると当時がぐっと自分に引き寄せられ、当時に思いを馳せられる有意義なものでした。

調査活動の最後のほうに滑り込みで参加させていただいた貴重な経験で、本日、みなさんとこのような機会に参加させていただくことに、名簿にあった数人の女性の方々を思いながら、深く感謝いたします

藤園淑子

ジャングルの獣道を逃げ惑う悲惨さ

叔父は医者であり、また寺に生まれてお坊さんでもあるわけです。叔父はビルマの体験を書きましたが、その中に「慰安婦」のことが書いてありました。叔父から名簿をもらって、その人たちの生まれたところに行ってお参りしたいと私は思いました。私は和歌山にも行って「慰安婦」

だったSKさんのお墓にお参りしました。

SKは叔父の著書にも登場しますが、叔父とは八雲荘（「慰安所」）で知り合い「慰安所」閉鎖の最後の夜も共に過ごす約束をした程の「昵懇（じっこん）な」間柄でした。しかし彼女はジャングルの逃避行で落伍したのです。それを退却中にジャングルの中で同僚の女性から知らされた叔父は「軍司令部には……女性を収容する余裕はなかった。従って落伍とは『死』を意味していました。SKは手榴弾で自決できただろうか？爆発音が恐ろしくて使用できなかったとすれば行き倒れになるしかない。私は『SKよ、どうか成仏してくれよ』と心の中で合掌した」（『ああ、策はやて隊』）と書いています。女性の足でジャングルの獣道を逃げ惑う悲惨さは言葉に尽くせないでしょう。

3 「本籍」と「現住所」9名の調査の記録

「『慰安婦』問題とジェンダー平等ゼミナール」では日本人「慰安婦」調査チームを作り、笠置慧眼氏作成の「名簿」に基づき、日本人「慰安婦」9人と「慰安所」経営者1人の「本籍」と「現住所」を訪ねて、本人たちの消息をつかむ調査を行いました。

〈調査団メンバー〉

吉川春子、藤園淑子、具島順子、棚橋昌代、小林淳子、五十嵐吉美

〈調査期間〉

２０１６年3月〜２０１８年5月

〈調査した都道府県〉

熊本、福岡、大分、佐賀、奈良、和歌山、山形の各県

以下はその結果です。「慰安婦」の氏名はイニシャルで示します。（イニシャルの頭に付してある番号は「名簿」の順序）

Ⅰ　TH　戦死

○本籍及び「現住所」　大分県日田市

調査日&参加者：２０１６年3月9日午後　吉川春子、具島順子、棚橋昌代

案内人：諫元正枝元市議、元家庭科教師。H姓の多い村へ行き、教え子の家でTHの消息を聞き心当たりの家に案内してくれるがH姓には行き当たらない。一帯は新興住宅街になっている。

Ⅱ　ST　生還

○「本籍」福岡市若富町

調査日&参加者：２０１６年3月10日午後　福岡市中央区　具島順子、棚橋昌代、吉川春子

案内人なし。具島、棚橋、吉川でバスを乗り継ぎ調査。現在は天神1、2丁目で、福岡市中心街、

大丸デパート、西日本新聞、野村証券他大企業のビルが林立しオフィス街になっている。民家はなし。昔は民家があったが空襲で焼失。

Ⅲ　KT　落伍

○「本籍」戸畑市、「現住所」戸畑市（現在は九州市戸畑区）

調査日&参加者：２０１6年3月10日　具島順子、棚橋昌代，吉川春子

KTの「現住所」の近くに前田遊廓、白川遊廓があった。製鉄、軍事工場の街。激しい空襲で大被害にあう。戦後は新日鉄の街だったが、現在は工場が千葉県君津市へ移転して真昼の10時過ぎでも街はひっそり。博多より電車に乗り八幡下車、そこからタクシーで回り小倉駅前で下車。浅生―商店街。路面電車走る。提灯山、朝日町遊廓―船頭町、ソープランド埋め立て。小倉北―江戸時代ゾウが歩いた町―長崎街道、朝日町遊廓～船頭町、松本清張記念館あり。

Ⅳ　TK　生還

○「現住所」大分県蓮見郡

調査日&参加者：２０１6年3月9日　吉川春子、具島順子、棚橋昌代

＊なお、SM、YSもこの同じ「現住所」で届け出ている。

大分県は午前、地域に詳しい阿部直瑞・前・杵築市議（山鹿町議一期）が案内。しかし同市議

が探してもTK宅は訪ね当たらず。部落は限界集落の趣で近所に家もない。また杵築市に（本人とは別姓の）戸主と同じ姓の家が一軒あったが留守だった。

○「本籍」奈良県宇陀郡

調査日&参加者：２０１７年10月２日　吉川春子、藤園淑子

案内人、日本共産党の八木勝光宇田市議

面積の狭い地域なので隅々まで車で調査。同市議の父親と知人だという町の古老が、翌日役場に行き調査したが手掛かりなし。

Ⅴ　SM　生還

○本籍地調査　熊本県阿蘇市

調査日&参加者：２０１６年3月8日　吉川春子、藤園淑子、具島順子、棚橋昌代

案内人は元市議。戦後二度の町村合併で郡部を含めた結果阿蘇市の面積は拡大した。部落内の数軒のM姓をリストアップ。最初に訪問したSMの「本籍」と同じ部落の家は留守だった。向かいの家は元市議の知人宅で、その方の話ではこの家に女性あるいは少女が住んでいたという記憶はない、とのことだった。

Ⅵ　YS　生還

○本籍及び「現住所」 熊本県天草市
第1回目調査日&参加者：2016年3月7日 吉川春子、藤園淑子、具島順子、棚橋昌代
協力者：中山健二氏（元日本共産党本渡市議）と同夫人の母堂
「妻の母（90歳）が何か知っているかもしれない」と実家に向かう。結果、YSの高等小学校の同窓（学年は違う）だったことがわかる。YSの甥も判明し、甥が持参した卒業した小学校のアルバムにはYSが写っていた。甥の話でYSは現在、子どもとともに関西に健在だという。私たちはYSと直接会う段取りを次回に譲りこの日は引き揚げた。
第2回目 調査日&参加者：2016年10月2日 吉川、小林、藤園、具島
YSとの直接面会の可能性を探るために再度天草を訪問し甥と会う。しかし私達は甥からYSが数年前に関西で死去していた事を告げられる。
第3回目調査日&参加者：2018年5月13日〜5月15日 吉川、小林、藤園、具島
メディアの要請もあり天草を詳しく調査した。天草市の老朽化したかつての遊廓跡の妓楼、YSの兄弟ゆかりの特養等を訪問。

Ⅶ IJ 生還

○「現住所」調査 熊本県八代市紺屋町
調査日&参加者：2016年3月8日 吉川春子、藤園淑子 具島順子、棚橋昌代

案内人：党熊本南部地区委員長と郷土史家。
現在は八代市紺屋町の遊廓は取り払われて住宅街になっていて、当時を思わせる痕跡は残っていない。ＩＪがこの遊廓に住んでいた手掛かりはまったくつかめなかった。八代は球磨川と東シナ海の交易の場所として栄えた港町。船着き場付近は全部遊廓だった由だが今は何も残っていない。
＊なお、天草のＹＳも姉妹又は従妹と共に八代の紺屋町の遊廓に働きに来ていた。
○「本籍」　佐賀市
調査日＆参加者：２０１６年3月11日　吉川春子、具島順子、棚橋昌代
調査協力者：邪馬台国等の古代史研究家関谷敏正氏と夫人の太極拳講師・関家小夜子さん
ＩＪの本籍地は長崎街道の伊勢神宮の分霊（日本で1カ所のみ）の近くで、そばに遊廓もあった。貸座敷と思しき跡に8階建てのマンションが建っていた。ついでに、そこから近い別の遊廓も見学。遊女の逃亡を防ぐため遊廓はクリークで囲まれ、五カ所に客等の出入り用の石橋がかかる。石の欄干に貸座敷二十数軒全部の名前が刻まれていた。

Ⅷ　ＳＹ　生還

○「本籍」　山形県東置賜郡
調査日＆参加者：２０１７年5月22日～23日　吉川春子　藤園淑子　具島順子　棚橋昌代、

五十嵐吉美　小林淳子

案内人：片桐春一赤旗記者

事前調査で判明している本籍地へ直行、更地。同じ部落のS姓の家を2軒訪問したが、留守だった。一行は赤湯温泉に1泊し遊廓の跡を見学。

親戚に会えたのは帰京の列車の乗車時間が迫った夕刻だった。この家の主はSYの姪だと判明した。SYは関西で生活していたが3年前に死亡したという。案内された仏壇にSYの美しい遺影が祀られていた。

○「現住所」中国の奉天

＊本籍と現住所が別々の女性は他にもいる。現住所が中国（満州）はSYとKSの2人。

Ⅸ　KS　病死

○「本籍」和歌山県日高郡

調査日＆参加者：2017年1月17日　藤園淑子及び同行者・岩本多賀子氏

『慰安婦』問題とジェンダー平等ゼミナールニュース」第27号に「藤園淑子調査報告」を掲載。私はこの人物が確実にKS本人かに関して若干の疑問を持つ。理由は、①名前が1字違う（イニシャルは同じくK子）、②軍属として立派な墓があり藤園さんは墓参した、という。（＊吉川の調査では政府は『慰安婦』を軍属として扱っていない）、③母親（故人）が生前「国から恩給をもらっていた」と語っていた（＊「慰安婦」に対して国は恩給はおろか如何なる金銭給付もしていない）。

なお、藤園、具島の両氏はKS本人に間違いない、とする。

X　MA

本籍　北九州市戸畑区

調査日&参加者：2016年3月10日　具島順子、棚橋昌代、吉川春子

福岡県は福岡市在住で土地勘がある具島順子氏の案内でまわる。前田遊廓、白川遊廓をタクシーでまわる。製鉄の町、軍需産業の町として栄えるが激しい空襲で大被害受ける。戦後新日鉄の町となるが現在は工場を千葉県君津軍へ移転し町はひっそり。

4　2人の女性の物語

私たち、日本人「慰安婦」調査チームの調査にもかかわらず一人も生前のご本人を訪ね当てることは出来ませんでしたが、その中で、すでに故人になっている方の親族2人の方から話を聞くことができました。

少なくない女性が戦地に送られ性奴隷とされ、筆舌に尽くせない苦労をされたにもかかわらず、誰も名乗り出ず、また責任ある者を追及してもいません。日本では「慰安婦」が名乗り出ることには相当の勇気と覚悟が必要です。

私は彼女たちが存在した証として、調査の途上で入手した様々な情報をつなぎあわせて彼女たちがどんな人生を歩んだか、以下に記します。

YSの物語

○高等小学校のアルバムに！

ＹＳは１９２７（昭和２）年熊本県天草地方に生まれました。兄、姉又は妹がいました。兄は代用教員で、姉も教員か代用教員だったということです。

１９３３（昭和８）年に地元の小学校へ入学し、１９３９（昭和14）年地元の高等小学校を卒業しました。ＹＳの甥が持参したアルバムにはＹＳが写っていました。

２０１６年に私達が会った時、ＹＳの同窓の女性は90歳近くでしたが記憶も鮮明でした。ＹＳが存命なら同じくらいの歳です。当時は小学４年までが義務教育です。女の子なのに高等小学校へ進学できたのは実家に経済的余裕があるか、成績が優秀であるか、ですがその両方であった可能性もあります。

○海外への出稼ぎの盛んな地方

天草地方は「からゆきさん」を多く輩出した地方として知られています。

「からゆきさん」について長年研究している大久保美喜子氏によると「『からゆきさん』とは、海外に出稼ぎに行った人々に対し故郷の人が愛情をこめて使った言葉」です。一方で「だまされて海外に売られたり、貧困の犠牲であったり……売春の側面が『からゆきさん』の中にもあったとは思う」が、しかし、「『アジア各地で外国人に肉体を鬻いだ海外売春婦を意味している』との見解は、山崎朋子さんの見解だと思う」（大久保美喜子『出稼ぎ人』）として「からゆきさん」を海外売春婦と定義する山崎朋子氏に強い異論を表しています。

私は参議院議員時代に委員派遣でシンガポールに行ったとき、日本人墓地で日本人実業家の立派な墓の間にマキのような小さな杭がいくつも立っているのを見ました。これは「からゆきさん」の墓だと現地の人から説明されました。

ＹＳの生まれる前後（大正・昭和時代）の天草は漁業が盛んでした。また良質な無煙炭を産出する海底の炭鉱があって大勢の炭鉱労働者が集まり人口が多く活気がありました。都会でもないのに政府により遊廓が認められていたのはこうした事情によるものです。

○口減らしのために遊廓へ

ＹＳは声もよく器量よしでした。食い扶持を減らすために女の姉妹、あるいは従姉妹と八代市紺屋町遊廓に「もてなす為に」行きました（甥の証言）。戦後ＹＳは結婚しています。「遊廓の経歴は結婚の障害にならないか」という私の質問に「遊廓へ行くことは親孝行とされて結婚の障害にはならない」と甥は語りました。

交通が発達していなかった時代でYSは従妹あるいは女の姉妹と一緒に八代に家を借りて住んでいました。1943（昭和18）年、甥は母親と一緒に父に会うため八代へ行きYS宅に1泊したそうです。天草の牛深港から船で八代へ行き船着場から八代の遊廓へはバスを利用したか、あるいは歩いて行ったと思われます。

○「慰安婦」としてビルマへ渡航

八代の紺屋町遊廓で働いていたYSがいつ、どんな経過でビルマに渡ったのかは不明です。甥はYSがビルマに行っていたことを知りませんでした。家族や親戚にも黙ってビルマに行ったのでしょう。

太平洋戦争末期、日本は不景気になり、政府の贅沢禁止の方針で、閉鎖か縮小に追い込まれた遊廓もありました。他方、占領地の拡大で海外の「慰安婦」の需要が高まっています。YSは新しい仕事を求めてビルマに行ったと考えられます。

海外渡航の際は戸主の承諾が必要だったので、父親（＝戸主）は「慰安婦」としての彼女のビルマ行きを知っていたかもしれません。

YSのビルマへの船旅は太平洋戦争も末期で、日本軍のインパール作戦も失敗し、敵に制海権を握られており危険に満ちた航海だったと思われます。1944（昭和19）年12月には二八軍所属「慰安所」八雲荘の「慰安婦」として現地にいました（『ああ、策はやて隊』）。

○「慰安所」閉鎖、ジャングルを敗走

「名簿」の女性たちがペグーの「慰安所」に到着して半年も経たない1945年4月23日、第二八軍司令部付属の翠香園と酒保の曙食堂、それに「慰安所」八雲荘は閉鎖されます。YSら「慰安婦」達も軍隊と行動を共にし転進（軍隊用語で退却）することになります。

八雲荘の日本人「慰安婦」の一行がジャングルの獣道を敗走中に野生の象の群れに遭遇し、一人の「慰安婦」は象に踏み倒されて死亡します。

（私は最近、新聞で彼女たちの退却路に近いミャンマー〈ビルマ〉と中国の国境付近を移動する数十頭の野象の群れのカラー写真を見て驚愕しました。こんなに多数の大きな象の群れに日本人「慰安婦」たちは出会ったのだろうか、と）

「慰安婦」が退却した同じ道で、その数日後、笠置軍医は墨痕（ぼっこん）も鮮やかに『山口ツヤ之墓』と書いた墓標を目撃します。「この女性は翠香園の女だったので下級将校の自分には縁がなかったが、大きな自然木の一面だけを削った素朴な墓標だったが……書体が見事だったこと、野象に踏まれて死んだという奇異な事だったので、女性の名前だけは44年経った今でも覚えている」と著書に書き残しています。軍司令官は次のような歌を詠みました。

★敵ならぬ象に襲われ　いとほしく　ペグーの山に　みまかりし戦友（とも）

笠置氏はYSについて次のように書いています。「野象に襲われたとき、「YS」という女性は足の骨を、慰安婦（第二八軍傭人隊）達の責任者だったＩ氏は肋骨を折ったという。Ｉ氏は肋骨を折っていたにもかかわらず、ＹＳさんを背負って、更にシッタン平地も突破した責任感の強い人だということまで分かった」と。（笠置慧眼著『ああ、策はやて隊』Ｐ３２６）。

こうしてＹＳはビルマのジャングルも無事に逃げおおせて日本へ帰国したのです。

○戦後の暮らし

笠置氏は連合軍の捕虜になりベトナムに送られたのち昭和21年日本に帰国しています。ＹＳをはじめビルマ従軍の「慰安婦」達も同じように連合軍に保護されて敗戦後送り返されたと思います。軍人ではないので笠置氏より帰国は早かったかもしれません。

しかし、軍人と同じく戦火をくぐりながら「慰安婦」は出国も帰国も幽霊のごとく行動の記録が残っていません。ともかくＹＳは生還して同郷の男性と結婚しました。子どもも生まれて、息子と娘がいます。

しかし夫は若くして亡くなり、ＹＳは子どもを預けて再び八代の遊廓に働きに行き、盆暮れにしか帰らなかったということです。遊廓で働けなくなった後は水商売に転じました。当時は女性の働き口は性産業か水商売くらいしかなかったのです。

２０１６年にはじめて私達が甥に会った時、彼は「ＹＳは関西で息子と一緒に暮らしている」と話しました。私達は日本人「慰安婦」が生存している、との情報に驚きかつ喜びました。そして日本人「慰安婦」に会うための作戦を立てることとし、この日は天草を辞したのです。私は甥にＹＳが「慰安婦」だったことをどう告げたものか真剣に考えました。

７カ月後に再び天草を訪問した時、私たちは甥から「ＹＳが数年前に死亡していた」と告げられて非常に落胆しました。関西にいるＹＳの死が天草の親戚にはすぐには伝わらなかったのは何故でしょうか。親戚付き合いが疎遠になっていたという事でしょうか。

それにしても、私達の調査の着手が数年早ければ生前のＹＳに会うチャンスがあったかもしれません。その機会を逃したことは非常に残念です。

ＳＹの物語

○満州生まれ、父親は能吏

ＳＹの「本籍」は山形県東置賜郡です。片桐春一赤旗記者の事前の調査でＳＹの「本籍」の土地の相続人の住所が判明しました。しかし訪問した時は留守でした。調査２日目の夕方、片桐氏の案内で私達が再びその住所を訪ねると、思いがけず彼の知人の女性がこの家の主であることがわかりました。その方はビルマのＳＹさんの姪に当たる人物でした。

姪は快く私達を迎え入れて飲み物をふるまってくれ、片桐氏に親しく話しかけ、私の質問にも答えてくれました。途中ふと、「何のためにみなさんは来たのか」問われ、私は「藤園さんの叔父が昔お世話になった人なので訪ねてきた、仏壇に焼香させてほしい」とお願いしました。案内されたのは豪華な仏壇です。遺影は数年前に撮影した若々しく美しい写真が飾られていました。藤園さんが仏壇の真ん中の椅子に座り数珠で念仏を唱え、私と片桐氏は畳に座って合掌しました。

姪によると、ＳＹは祖父の弟の子で自分との関係は大叔父の子になるとのことです。彼女は３年前に92歳で亡くなり、死亡時は大阪の衛星都市に住んでいました。

姪の大叔父にあたるＳＹの父親は、著名な郷土出身の童話作家で『泣いた赤鬼』の作者、浜田広助（１８９３〜１９７３）と同級生で、主席を争うほど成績が優秀だったそうです。

大叔父は山形から山口に行き結婚して満州に渡り、朝鮮の総領事館の領事や行政府の官僚や鉄道関係の仕事もしていました。ＳＹは満州で生まれました。父親が満州で出世して豊かな暮らしをしており彼女はお嬢様育ちだったとのことです。16歳の時に妻（母親）が亡くなり、大叔父は後妻を迎え、その間に子どもができたそうです。

ＳＹの「現住所」は中国奉天と記されています。私は当初、名簿を見て「本籍」が山形なのでＳＹが山形の遊廓から「慰安婦」としてビルマに送られたのではないか、と想像していました。しかしそうではなく彼女は満州で生まれ育ったことがわかりました。

○ 山形県の農民の暮らし

当時、山形県は婦女子の身売りが全国でも大変多い県でした。昭和４（１９２９）年の大恐慌と昭和９（１９３４）年の東北地方の大凶作で農家経済が破綻し、「警視庁管轄下の芸娼妓雇女出生府県別調査」によると、金で親に売られる女の子の数は山形は東北６県中１位です。全国で使用されていた教科書に掲載された写真「娘身売りの場合は当相談所へ御出で下さい　伊佐沢相談所」とは、まさにSYの「本籍」のある県の姿です。

また、山形県は長野県に次いで満蒙開拓団に大勢の農民を送出した県です。少年義勇隊の送出数も全国第2位です。長野県は中山間地が多く耕地面積が少ない県で満州の広い土地を与えるとの政府の宣伝に乗せられて多くの県民が満蒙開拓団となりました。山形県は、恐慌と天候不順で農村経済が破綻しました。私はSYの家族も、国策に乗って新天地の満州へと向かったのではないかと想像していました。ところがSYを知る人や姪の話で、彼女は満州で生まれてお嬢様育ちだったとわかり、私の想像は外れました。確かなことは笠置軍医から提供された「名簿」にSYの名前が載っているので、「慰安婦」として満州からビルマに渡ったという事です。

○豊かな家庭から遊廓へ、そしてビルマへ

それではなぜ、お嬢様育ちだったSYが中国の遊廓にいたのか、また「慰安婦」としてビルマへ行ったのでしょうか。

母親の死亡と父親の再婚、そして後妻に子どもができた……思春期の彼女と継母との関係はどうだったか。家を出た若い女性の働き口として、遊廓へ行く他はなかったのでしょうか。

もう一つの疑問は、SYの名簿には実の父親ではなく別人が戸主の欄に記名されていることです。父親との関係がどうだったか。「慰安婦」としてビルマへ行くことに父親は不同意だったことが考えられます。

戸主欄の人物との関係はどうだったのでしょうか。戸主は他人でもOKで家督を継ぐために家に養子を迎え入れることが認められていました。女性の場合は家督相続ができないので単に養女とされます。貸座敷（女郎屋）の主人が遊女と養子縁組することも可能でした。主人が、抱えている娼妓と養子縁組をして「慰安婦」として渡航させたのでは？とも考えられます。

（なお、「名簿」には、尊属ではない人物が「戸主」として掲載されていた例が他にも1件あります。）

いずれにしてもSYは1944年中にはビルマに渡っていました。1945年4月、連合軍に追い詰められ敗走する日本軍と一緒にジャングルを逃げる途中で敗戦を知ったと思われます。SYは『ああ、策はやて隊』には登場しませんが、「慰安所」閉鎖とともにこの名簿に記載されている他の女性達と共にジャングルの獣道を数カ月間も逃げて、最後は連合軍（イギリス軍）に保護されたと思われます。

山形県の調査で私たちは戦前に満州に在住していたKさん（女性）から話を聞くことができました。「SYの父親は満州の奉天（現、中国瀋陽市）にいた」と証言しています。私が会った姪はSYがビルマに行ったことは知らなかったようです。

○日本へ帰るも自宅は親せきが居住

姪は私達に、敗戦後SYが山形に引き揚げて来た時の事を話してくれました。SYはビルマから「本籍」地に引き揚げてきますが、ビルマに行ったとは夢にも考えていない姪は、満州からの引き揚げと受けとめたと思われます。

満州生まれのSYにとって、おそらくは初めて踏む日本の土、目にしたのは戦争に負けて混乱した祖国の姿でした。そして、SYは「本籍」の家にはすでに他の家族が住んでいたので入る余地はなかったのです。姪の父親はSYに（隣町の）知人を紹介したそうです。しかし彼女はそこには長くとどまらず、すぐに関西方面に行きました。

関西で生活して結婚し、子どもを育て3年前（1917年から起算して）に92歳で大阪の衛星都市で亡くなりました。

姪の父親はSYを1泊もさせられなかったことをずっと悔やんで、娘に「SYに親切にするように」とくり返し話しました。それで姪は仏壇にSYの遺影を丁重に飾っているとのことです。

SYはおそらく、戦争中にビルマにいた事、そこでの生活、日本兵とのジャングルの逃避行は誰にも語らずに墓場まで持って行ったと私は想像します。

帰京後、私は姪御さんにSYについてもっとくわしく聞きたいので再度の面会お願いしましたが、残念ながら手紙で丁重に断られました。「この話はそっとしておいてほしい」と記されていました。

SYについてこれ以上知る機会が失われたことは残念です。性暴力被害者に対する世間の無理解から身を守るために、こうせざるを得ないという現実があります。

救いは、手紙の末尾に私（吉川）の仕事について有意義なことと評価してあったことです。

第二章　政府はこうして、日本人「慰安婦」を集めた！

〜「警察庁資料」は語る

1　警察庁が、「従軍慰安婦」資料を提出した経緯

笠置慧眼氏の「名簿」にあるビルマ従軍の日本人「慰安婦」たち9人の「本籍」は、熊本県、大分県、福岡県、佐賀県の九州各県と関西の和歌山県、奈良県そして東北の山形県と広範囲です。「現住所」は、九州が圧倒的ですが2人は中国の奉天です。

彼女たちはそろって昭和19年暮れ頃から20年4月までの間、日本からはるばる遠いビルマで「慰安婦」をしていました。彼女たちは誰によって、どこで、どのように集められたのでしょうか。

私はその手掛かりになる公文書を１９９６年12月に警察庁から入手しました。この資料は支那派

遣軍の要請で中国に「慰安婦」を送る経緯が示されています。当時の政府は、人身売買に当たる「慰安婦」募集行為を国際社会にも、出征兵士の留守家族にも知られないように「密に」作戦を展開しています

なぜ、もう一度この警察資料に立ち返るのか。今回、ビルマ従軍の「慰安婦」がどのよう集められ、ビルマに送られたかについて、関連部分の資料を採録してビルマ従軍の日本人「慰安婦」たちが国家によってビルマの「慰安所」の「慰安婦」にされた経過を明らかにしたいと思います。

話は遡(さかのぼ)りますが1996年12月、警察庁総務課長補佐が私の事務所に「警察大学校から『従軍慰安婦』関係の資料が偶然発見されました」と言って資料を届けてきました。かつて「河野官房長官談話」(1993年8月)を発する時に政府は各省庁を督励して「慰安婦」関連資料を発掘させ、その結果一定の資料が出てきましたが、警察関連資料は皆無でした。「慰安婦」を駆り集めていた肝心の役所からの資料が全くないことに私は疑問を持っていました。

この資料を見て私はすぐに、「慰安婦」問題の第一人者の吉見義明中央大学教授(当時)の判断を仰ぎました。先生は渡米のため空港におられて搭乗寸前でした。先生は資料を見て、「興味深いのは、現地軍の要請で陸軍省徴募課長を経て内務省が業者の選定や各府県の人数の割り当ての指示を出し、警察に集めさせるという指示系統がはっきりしたことです」と語っています(「赤旗」)。

なぜ警察庁がわざわざ私に「従軍慰安婦」の資料を届けてきたのでしょうか。それには次のよ

うな経過があったのです。この時から3週間ほど前の1996年11月、私は参議院決算委員会で日本政府が敗戦直後に米兵のための「慰安所」設置を指示した問題を取り上げました。

資料として、その事を指示した「旧内務省通牒」の提出を警察庁に求めましたが、決算委員会当日まで「ない」と言って提出しませんでした。資料の「旧内務省通牒」のないまま決算委員会で私は質問せざるを得ませんでした。

しかし米兵への「慰安所」の設置は実際に行っている事なので公文書がないはずはありません。私は質問終了後もその公文書を警察庁に探させました。係官は毎週私の事務所にその結果報告をしにきました。

私の求める通牒はついに出なかったのですが、代わりに？「従軍慰安婦」に関する公文書を持ってきました。この公文書は日本人「慰安婦」をどのように「募集」して海外に送ったかに関する内務省警保局長らの文書と、所轄の警察が女性を集めようと各地を跋扈する貸座敷業者や女衒を取り締まったかがよくわかる文書です。

なお、警察資料の提出を受けて、私は『従軍慰安婦　新資料による国会論戦』の本を出版しました（1997年11月1日あゆみ出版）。3人の秘書が警察資料を読みやすく直して巻末に収録ました。また2007年3月、『アジア女性基金』理事長だった和田春樹東大教授から、警察庁提出の「従軍慰安婦」関連資料が『政府調査「従軍慰安婦」関係資料集成①』（全五巻1997年3月第1刷龍渓書舎）に収録されていることを知らされました。この警察資料は「慰安婦」問題を研究する学者研究者、運動団体の方々に広く活用されています。

2　警察庁が提出した「従軍慰安婦」に関する資料の一覧

警察庁が1996年12月、私に持参した主な資料（現在は国立公文書館所蔵）の一覧を記します。以下この資料による記述は、吉川春子著『従軍慰安婦　新資料による国会論戦』（1997年11月）に採録したものをベースに引用します。

記

第一【支那渡航婦女に関する件伺㊙】　内務省警保局長
（昭和十三年十一月四日、十一月八日施行）

第二【南支方面渡航婦女の取扱に関する件】内務省警保局長
（昭和十三年十一月八日施行）

第三【支那渡航婦女の取扱に関する件】　内務省警保局長
（昭和十三年二月二十三日）

第四【支那渡航婦女の取扱に関する件】大臣（花押）　内務省警保局長通牒案

（昭和十三年二月十八日）

第五【名刺　陸軍航空兵少佐　久門 有文（花押）】

第六【各県知事が内務大臣などに宛報告文書】

(1)【北支派遣軍慰安酌婦募集に関する件】　山形県知事

（昭和十三年一月二十五日）

(2)【支那渡航婦女募集取締に関する件】　高知県知事

（昭和十三年一月二十五日）

(3)【上海派遣軍内陸軍慰安所に於ける酌婦募集に関する件】　群馬県知事

（昭和十三年一月十九日）

(4)【時局利用婦女誘拐被疑事件に関する件】　和歌山県知事

（昭和十三年二月七日）

(5)【上海派遣軍内陸軍慰安所に於ける酌婦募集に関する件】　茨城県知事

（昭和十三年二月十四日）

(6)【上海派遣軍内陸軍慰安所に於ける酌婦募集に関する件】　宮城県知事

（昭和十三年二月十五日）

第七【花券】（軍慰安所利用チケット）

第八【名刺】　南支派遣軍参謀　陸軍航空兵少佐　久門有文

以上

3 「警察庁資料」からわかる、ビルマへの「慰安婦」輸送

この「警察庁資料」は、中国大陸に展開している軍隊の「慰安所」開設に必要な「慰安婦」を駆り集めて現地に送った経緯を記録した文書です。

この資料から女性たちをビルマへ送った方法が推測できます。同じ手口で抱主に女性を募集させて、集めた女性たちを御用船に乗せてビルマに送り、抱主に「慰安所」を経営させたのです。ビルマ従軍「慰安婦」9人の女性たちがどんな経緯をたどってビルマに送られたのかを解明するために、「警察庁資料」の必要な部分を以下に採録し、解説を加えます。

なお、売春婦になる時も当時の家父長制の下では「親権者の承諾を要す」とされています。ビルマの「名簿」の中には戸主が直系尊属でない女性が2人います。これは「但し養女籍にあるものは実家の承諾なきも差し支えなし」(【上海派遣軍内陸軍慰安所に於ける酌婦募集に関する件】茨城県知事昭和十三年二月十四日)とあり「慰安婦」の特例である事がわかります。また数百円という多額の前借金(今日換算では数百万円)をどう返済するのか疑問でしたが、「前借金返済方法は年限了と同時に消滅す」(同上)とされていて、この点は遊廓で働くよりも女性にとっては助かったのではないかと推測されます。

＊公文書記述のカタカナをひらがなに変えて表記し、言い回しも若干変更しています。

必要な「慰安婦」の数を各県に割り当て

〜警察庁提出資料（一）

これは内務省が陸軍の要請に基づいて中国に展開する部隊の「慰安所」開設に必要な女性を各県に割り当て集めさせた文書です。

事のきっかけは1938（昭和13）年11月4日、南支派遣団古荘部隊の参謀陸軍航空兵の久門有文少佐と陸軍省徴募課長の二人が内務省警保局を訪ねて、「南支派遣軍の慰安所設置の為に必要なので醜業を目的とする婦女約四百名（千を訂正）を渡航させるのでご配慮願いたい」との申し出です。なお既に台湾総督府の手を通じて300名の渡航の手続きは〝済〟であるという事でした。戦前は地方自治の制度はなく知事は国の任命で政府の出先機関ですのでこのことは可能でした。

400名という多数の女性をどう集めるのか？ 内務省は早速、大阪、兵庫、福岡の各県に対してそれぞれ100名、京都、山口の各県にそれぞれ50名女性を割り当てます。

女性は身元確実な引率者（抱主）に集めさせました。また、現地で慰安所を経営させる者なので経営する能力のある者を選定するようにも指示しています。

また、政府・内務省と地方の府県の役割は女性の募集出港に関し便宜を供与する事まで指示され、それ以外の契約内容や占領地等の現地での女性の保護は軍の責任とすることとして任務分担しています。

また、「慰安婦」とする女性を外国に送る手段は、日本から（植民地）台湾の高尾までは同行の抱主に密かに送る責任を課しています。他の乗客に「慰安婦」と気づかれないように、という意味でしょうか。そこから先は御用船に便乗させて現地に向かわせます。

我がビルマの「慰安婦」たちは1944（昭和19）年、この公文書より6年後ですが、おそらく同様の手続きを経てビルマに行ったと考えられます。笠置慧眼氏の「名簿」の日本女性9人中7人の「現住所」は九州地方（熊本、大分、福岡）ですので、抱主（恐らくは）のI氏（前出）が集めたものと思われます。他の2人の「現住所」は中国の奉天です。奉天までもI氏が出張し2人の女性を集めたのか、また奉天と九州の女性たちがどこで合流したかは謎です。

【支那渡航婦女に関する件伺㊙】　内務省警保局長

昭和十三年十一月四日、十一月八日施行

本日、南支派遣の古荘部隊・参謀陸軍航空兵少佐・久門有文及び陸軍省徴募課長より、南支派遣軍の慰安所設置の為必要に付、醜業を目的とする婦女約四百名を渡航せしむるよう配意ありたし、との申出あり……、これを取り扱うこととし、左記を各地方廳(ちょう)に通牒(つうちょう)し、密に

適当なる引率者（抱主）を選定して、これをして婦女を募集せしめ現地に向かわせるよう取り計らい相成可然也
追って既に台湾総督府の手を通じ同地より約三百名渡航の手配済の趣に有之
記
一、内地にて募集し現地に向かわせる醜業を目的とする婦女は約四百名程度とし、大阪（百名）、京都（五十名）、兵庫（百名）、福岡（百名）、山口（五十名）を割り当て県においてその引率者（抱主）を選定してこれを選定させ現地に向わせること
二、右引率者は現地において軍慰安所を経営させるものなので、特に身許確実な者を選定すること
三、右航婦女の輸送は内地より台湾高尾まで抱主の費用で陰に連行し同地よりは大体御用船に便乗現地に向かわせるものとす（以下略）
四、本件に関する連絡については参謀本部第一部第二課今岡少佐、吉田大尉これに当たるなお現地は軍司令部峯木少佐之に当たる……
六、渡航については内務省及び地方庁は之が婦女の募集及出向に関し便宜を供与するに止め、契約内容及び現地に於ける婦女の保護は軍において充分注意する事
七、以上により……本件渡航婦女に対しては左記により各地方庁において取り扱はしむる事

（イ）引率者（抱主）、現地においては責任ある経営者（抱主又は管理者）を必要とするに付、醜業（「慰安婦」吉川注）を目的として渡航する婦女の引率者の身元は特に確実且相当数の醜業婦女を引率し現地に到り慰安所を経営しうる者を選定すること

（前記五項の途中から六、七項を清書したと思われる文書）……略

八、（不取敢〔とりあえず〕電話し更に書面を発送する事）

上・警察庁提出資料を掲載した著書『従軍慰安婦ー新資料による国会論戦』（1997年11月、あゆみ出版）
下・政府調査「従軍慰安婦」」関係資料集成②（1997年3月20日第1刷発行）、この①に警察庁提出慰安婦資料を掲載

支那渡航婦女（売春婦）の増加、所轄警察の斡旋業者の取締まり

～警察庁提出資料【五】

南京事件後、中国に展開する部隊に多数の「慰安所」が設置された結果、「酌婦」「醜業婦」の需要が急激に高まります。日本国内では貸座敷業者や周旋人、女衒（ぜげん）等が女性を求めて各地を跋扈（ばっこ）する……そんな当時の風景が浮かびます。

１９３８（昭和13）年2月発の文書で「最近支那各地に於ける秩序の恢復に伴ひ渡航者著しく……」とされています。中国へ渡航が急激に増えた「秩序の恢復（かいふく）」とは、１９３７（昭和12）年12月日本軍による南京大虐殺、大強姦が行われたその後情勢が「沈静化」してきたことを指すものと思います。＊

＊〔注〕「（南京で）２万人の婦女がレイプされた」（東京裁判で南京の医師の証言）「……中国の研究者蘇智良の調査によると、日本軍の南京特務機関の下請けで慰安婦集めをやったのは喬鴻年という風俗関係のボスで１００人余の中国人女性を連れてきて将校用と下士官用の両所をオープン。38年半ばには17カ所とも9カ所ともされ、25の娼館が立ち並び……云々」（『加害の歴史に向き合う南京・上海への旅』「『慰安婦』問題とジェンダー平等ゼミナール」Ｐ58 ２０１８年4月1日発行）

南京での大強姦、大虐殺後に政府は「慰安所」を各地につくるため、多数の日本人女性を中国に送り込みました。そのために日本国内では女衒、周旋人などの業者が政府の政策にそって各地で若い女性を集めて回りました。これは「警察庁資料」第六の九州、四国、中部、東北地方の各県知事からの報告にも記されています。

政府はこれに頭を悩ませます。「婦女の募集周旋等は軍の諒解の下で、或いは軍と連絡がある」かのような言葉使い、即ち「軍に影響を及ぼすような言葉で行う業者を厳しく取り締まる」こと、募集周旋について広告宣伝を行い、事実を虚偽或いは誇大な宣伝を取り締まること、女性を募集・周旋する業者は厳重に調査し身許が確実でないものは認めてはならない」としています。

政府が神経をとがらせる理由は、第一にもし戦場に売春宿がある事実が一般国民、特に出征兵士の妻に知られたら心穏やかでいられないからです。お国の為と思って家族（夫）を送り出し不自由な生活に耐えているのに、夫が戦場で売春婦を買っていると知られたら、戦争への世論動員に悪影響が及ぶと懸念しているのです。

当時の日本は女性にだけ厳しく貞操の義務が課せられ、刑法も妻のみに姦通罪があり人妻の不倫は処罰されていました。夫には（相手が人妻以外）姦通罪の適用はありません。政府は戦場において国が売春宿を経営していることを女性たちや国民に悟られたくなかったのです。

また、酌婦に前借金を出すことを条件に海外の「慰安所」に送る行為は、1925（大正14）年に我が国が批准した「醜業を行わせるための婦女売買を禁止」している［婦人及び児童の売買禁止に関する国際条約」に触れることになります。

また、誇り高い天皇の軍隊が戦場に売春宿を設けて売春婦を同道し将校や下士官・兵達が日常的に「慰安所」に通っている事実を社会が知れば、天皇の軍隊の名誉も傷つくことは明らかです。

こうした理由により「慰安所」の存在を一般国民、とりわけ女性には秘密にしておきたい政府は、業者の女性募集を密かに行わせそれを守らない業者の取り締まりを所轄の警察に指示したのです。

渡航を許可される女性

政府が海外渡航を認めたのはどんな女性だったのでしょうか。それは現在娼妓か事実上醜業(売春)を営み、21歳以上の性病に感染していない健康な女性です。渡航先は北支（中国の北京等黄河以北）と中支（揚子江と黄河に挟まれた地域）に限って黙認し身分証明証を発行していました。条件として、仮契約期間が満了した時、またその必要がなくなった時にはすぐに帰国するように本人に言い聞かせる事、つまり売春以外の目的で中国に留まることを禁止していました。

中国へ渡航を希望する女性は警察署に出頭して身分証明書の発給を申請する必要がありますがその際、父か祖父（直系尊属・戸主）の承諾が必要です。

当時の日本では女性が単独で物事を決めることは一切できず、売春婦になる場合でも一家の主たる戸主の承諾が必要でした。いない場合はその事実を警察に対して明らかにすることとしています。また、貸座敷の主人と養子（女）縁組をした場合は戸主の承諾は必要ないとされています。

【支那渡航婦女の取扱に関する件】

昭和十三年二月二十三日廳府県長官宛

内務省警保局長通牒案

最近支那各地に於ける秩序の恢復に伴ひ渡航者著しく増加し……婦女の渡航は現地における実情に鑑みるとは蓋必要已むをえざるものあり、警察当局においても特殊の考慮を払い実情に即する措置を講ずる要ありと認めらるるも、これら女の募集周旋等の取り締まりに適性を欠かんか帝国の威信を毀け皇軍の名誉を害ふのみに止まらず、銃後国民特に出征兵士遺族に好ましからざる影響を与たふると共に、婦女売買に関する国際条約の趣旨にも悖(もと)る事なきを保し難きを以て、旁々現地の実情その他各般事情を考慮し、爾今これが取り扱いに関しては左記各号に準拠する事と致度依命此段及通牒候

記

一、婦女の渡航は現在娼妓その他事実上醜業を営み満21歳以上且花柳病その他伝染病疾患亡き者で北支、中支に向かうものに限り当分の間これを黙認することとし……身分証明書を発給する

『政府調査「従軍慰安婦資料集成」①〜⑤』

二、仮契約の期間満了またはその必要なきに到りたる際は速やかに帰国するようあらかじめ諭旨する事
三、婦女は必ず本人自ら警察署に出頭し身分証明書の発給を申請する事
四、申請の時は必ず同一戸籍内にある最近尊属親、尊属親なき時は戸主の承認を得せしむることとし、承認をあたうべきものなき時はその事実を明らかならしむること
五、稼業契約その他各般の事項を調査し婦女売買又は略取誘拐等の事実なき様特に留意すること
六、婦女の募集周旋等に際して、軍の諒解又はこれと連絡あるが如き言辞その他軍に影響を及ぼすが如き言辞を弄する者はすべて厳重に之を取り締まること
七、婦女の募集周旋等に際して広告宣伝をなしまたは事実を虚偽若しくは誇大に伝ふるが如きはこれを厳重に取り締まること。また之が募集周旋等に従事する者については……厳重なる調査を行ひ身元の確実ならざる者はこれを認めさること

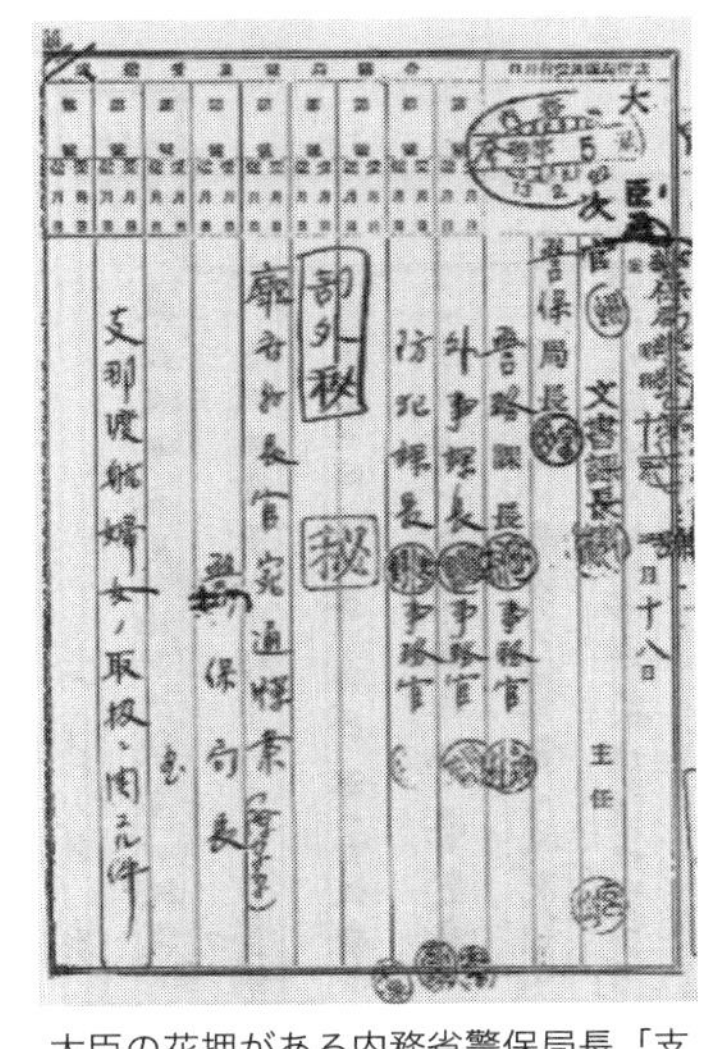
部外秘
秘
文書課長
警保局長
支那渡航婦女ノ取扱ニ関スル件

大臣の花押がある内務省警保局長「支那渡航婦女ニ取扱に関スル件」

女性「募集」業者を取り締まった所轄警察署の報告

警察庁提出資料（六）

政府（警保局）は軍（陸軍局）の要請に基づき、「慰安所」設置に必要な「慰安婦」を業者を使って集めるために、業者を各地に派遣しています。同時に芸娼妓を公然と集めることの影響を考慮して、密かに集める指示も出していました（前述）。

しかしこれを知らない現場の「まじめな」県警は、酌婦を勧誘する行為は人身売買に当たり公序良俗に反する、またこうした行為は留守家族への影響と皇軍の威信を失墜するとして、所轄警察に対し厳重な取り締まりを指揮、その取り締まりの結果を内務省警保局に報告しました。

しかし被疑者を捕まえて取り調べた結果、これは業者の単独行為ではなく、背景には内務省警保局のおえらいさんや、陸軍幹部や政界の大物までいたことを知った和歌山県警（知事）の驚きはいかばかりだったでしょう。

その1　神戸の貸座敷業者、山形県の芸妓紹介業者に北支に送る酌婦募集を依頼

山形県内の新庄警察署は、管内の芸娼妓紹介業者が神戸の貸座敷経営者から北支（北京、天津、

山西、内蒙古等）派遣軍の将兵慰問のため女性の募集を頼まれ勧誘していることを知りました。所轄署長は、神戸の業者の話は俄（にわか）に信じがたい、軍隊が酌婦を募集していることが事実であって知れわたれば出征中の兵士のいる留守家庭の妻に精神的悪影響を与えるし、婦女子売買禁止の精神にも反するとして、この業者を諭して募集行為をやめさせたといいます。

神戸の貸座敷業・某によれば、年齢16歳から30歳の女性であれば、前借金５００円から１０００円という高額な条件で、大勢の女性（酌婦）を集めて送るというのです。警察は、そんな大きな話を内務省が進めているはずがないと疑いを持ち、管内の酌婦紹介業者・本人を諭し、女性募集を止めさせた、という県知事から内務大臣あての報告書です。

まじめな警察署長が信じがたいと思った神戸の貸座敷業の男の話は事実だったのでしょう。しかしこの時期に、２５００人もの「慰安婦」を中国の北支派遣軍が必要としていたこと、神戸の業者が東北地方にまで手を伸ばして「慰安婦」募集を行っていたことは驚きです。

【北支派遣軍慰安酌婦募集に関する件（抄）】警保局十三年一月二十五日

内務大臣末次信正殿、陸軍大臣杉山元殿　山形県知事　武井群嗣

最上郡新庄町の芸娼妓、酌婦紹介業者Ｂは神戸市湊町の貸座敷経営者Ａより「今般北支派遣軍において将兵慰問のために全国より二千五百名の酌婦を募集することになった趣を以て

内五百名の募集方依頼あり、その酌婦は年齢十六歳より三十歳迄、前借は五百円より千円迄、稼業年限は二年、この紹介手数料は、前借金の一割を軍部にて支給するものなり云々」と称しているとが所轄の新庄警察署が聞いて知った。しかしこれは軍部の方針としては俄に信じがたいのみならずこのような事案が公然流布されれば銃後の一般民心、特に応召家庭を守る婦女子の精神上に及ぼす影響は少なくない、更に一般婦女身売り防止の精神に反するものとしてこの趣旨を所轄警察署長が本人に諭し本人に懇諭したところ本人も諒徳し且つ本人が老齢なので、活動が意に委かせざる等の事情もあって女性の募集を断念し、先方より送ってきていた一切の書類を前記Aに返送したという状況である。

その2　群馬県知事が、神戸市の貸座敷業者に対する取り締まりを兵庫県知事に要求

娼妓数10人を抱える神戸市の貸座敷営業者Aが、「支那事変へ出征した将兵慰安で在上海特務機関の依頼で陸軍慰安所の醜業婦３０００人が必要」と称して、わざわざ群馬県前橋市連雀町の紹介業者C方を訪れました。

しかし醜業婦を集める行為は公序良俗に反します。県警は、果たして軍の依頼なのかわからないままこうした事業を公然と吹聴する事は皇軍の威信を失墜させるとして、厳重に取り締まるよ

うに所轄の前橋警察署長に申し伝えた、という内務省宛の報告書です。

そして群馬県警が兵庫県警に対して、Ａの言動を詳しく報告し取り締まりの上、結果を報告してほしいと注文を付けています。また県下の各警察署長あてには業者を厳重に取り締まるよう通知しています。

Ａの言動によると、日支事変（日中戦争）による出兵将兵は、中国に数カ月滞在し戦いも一段落で、戦争よりむしろ中国の売春婦と遊ぶため病気にかかるものが多く、戦争より花柳(かりゅう)病の方が恐ろしい状況である、それで「慰安所」設置問題が起き、特務機関が我々業者に依頼するようになり、目下上海在住の神戸市の貸座敷業Ｃを通して３０００人の酌婦を募集して送ることになった。昨年12月から既に実行し、２、３００名は働いている。今月26日にも軍用船で送ることになっている、とのことでした。

また、「慰安所」では現金ではなく「壹花券」をあらかじめ将兵に配布して使用した場合に業者に渡し、業者が軍の経理から受け取ることなど詳しく述べています。

【上海派遣軍内陸軍慰安所に於ける酌婦募集に関する件（抄）】

昭和十三年一月十九日

内務大臣　末次信正殿、陸軍大臣　杉山元殿、警視総監　殿

群馬県知事（県警察部長）　武井群嗣

神戸市湊東区福原町二一三　貸座敷業A

右者肩書地において娼妓数十名を抱え貸座敷営業を為し居る由なるか、今回支那事変に出征したる将兵慰安として在上海陸軍特務機関の依頼なりと称し上海派遣軍内陸軍慰安所に於いて酌婦稼業（醜業）を為す酌婦三千人を必要なりと称し　本年一月五日之が募集のため

管下前橋市連雀町十七二一三

芸妓酌婦等紹介業　C

方を訪れその後累々來橋別記一件書類（契約書、承諾書、借用書、契約条件）を示し酌婦募集方を依頼したる事実あるも本件は果たして軍の依頼あるや否や不明且つ公序良俗に反するが如き事業を公然と吹聴するが如きは軍の威信を失墜する○（＊1字不明、資料に記されているママ）甚だしきものと認め厳重取り締方前橋警察署に指揮致し置き候條此段及申（通）報候也

尚Aの言動は左記の通りにつき申し添える

追而兵庫（貴）県に於いては相当取締の上結果何分の御通報相煩わし度
県下各警察署長に在りては厳重取締せらるべし

記

日支事変に依る出征将兵もすでに在支数か月に及び戦も酣な処は終わった為一時駐屯の体勢となった為将兵が支那醜業婦（注・売春婦）と遊ぶため病気にかかるものが非常に多く軍医務局では戦争よりむしろこの花柳病の方が恐ろしいというような状況で其処にこの施設問題（注・「慰安所」）が起こったもので在上海特務機関が吾々業者に依頼する処となり、同僚　神戸市湊東区福原町、目下上海在住貸座敷業　D　を通して三千名の酌婦を募集して送ることになったので既に本問題は昨年十二月中旬より実行に移り、目下二、三百人は稼働中であり、兵庫県や関西方面では県当局も諒解し応援している、営業は吾々業者が出張してやるので軍が直接やるのではないが最初に別紙壹花券（兵士用二円、将校用五円）を軍隊に営業者がわから納めて置き之を軍で各兵士に配布、之を使用した場合吾々業者に各将兵が渡すこととし之を取り纏めて軍経理部から其の使用料金を受け取る仕組みとなっていて直接将兵より現金を受け取るのではない。軍は軍として慰安費用のものから其の費用を支出するものらしい

何ずれにしても本月二十六日には第二回の酌婦を軍用船で（神戸発）送る心算で目下募集中である。云々

（一号）契約証（略）
（二号）承諾書（略）
（三号）金員借用書（略）
（四号）条件（略）
一、契約年限　満二ケ年
一、前借金　五百円より千円迄
但し右前借金のうちの二割を控除し身附金及び乗り込み費に充当す

その3　和歌山県知事

和歌山県警の取締の網に掛かった挙動不審者は内務省、外務省、軍隊の回し者だった！

和歌山県知事から内務省警保局長宛報告書
昭和13年1月、田辺町で警察官が飲食店街で徘徊している挙動不審な男3名を発見しました。彼らは料理店に登楼し、酌婦を呼び酌をさせながら上海行きを薦めつつあって、交渉方法に無知な婦女子に対し金儲け良き点、軍隊のみを慰問し食糧は軍より支給するなど、婦女誘拐の嫌疑があったので被疑者を署まで同行して取り調べました。男は大阪市の貸席業のF（45歳）、G（42歳）

と、海南市の紹介業H（40歳）と名乗りました。被疑者達は「自分は疑わしいものではない。自分は軍部の命令で上海皇軍慰安所に送る酌婦募集のために来た。三千名の要求に対して、七十名は昭和十三年一月三日、長崎港より陸軍御用船で憲兵護衛の上送致済み」と称しました。

陸軍御用商人氏名不詳某（それがし）らと共に上京して荒木大将、頭山満（とおやまみつる）と会合の上、上海皇軍の風紀衛生上年内に内地より3000名の娼婦を送る事となり、JとIの両名で70人を送ったか、大ぼらとも取れる話をして、大阪府の九条警察署長と、長崎県外事課で便宜を受けた等と供述しました。そのため大阪九条署と長崎海上警察署に照会しました。

長崎県外事警察課長からの回答は、「在上海総領事館警察署長より依頼あり皇軍将兵慰安婦女の渡航については便宜供与方の依頼があった。この件について関係諸機関当館陸軍武官室と憲兵隊合同合議の結果、施設の一環として軍慰安所（事実上の貸座敷）を設置することとなったと依頼がきた。従って、合法的雇用契約により渡航するものと認められる者に対しては渡航を許可すると回答した云々」

また、大阪九条署からは「上海派遣軍慰安所従業酌婦募集方に関し内務省より非公式ながら当府警察部長へ依頼があった。貴管下へも募集者出張中の趣なるが、左記の者は当署管内居住者にして見元不正者に非ざる者、関係者より願い出候に就き事実に相違ないので、小職に於いて証明書致し間然（しか）るべくお取り計らい願いあげ候」と身元保証が届きました。

和歌山県知事がこの大阪九条署と長崎海上警察署の回答を見て、被疑者3名の身元は判明し九条警察署に於いて酌婦公募の証明を出した事実が判明ました。しかし……真相確認後に於いて取り調べを行ったが……疑義の点多多あり、半信半疑で被疑者3名を「いつでも出頭する」との条件付きで逃走証拠隠滅の虞(おそれ)なしとして1月10日身柄を釈放しました。

　これは現地で上海慰安所開設を決定し、長崎県外事警察に酌婦渡航の便宜供与を依頼していたことがはっきりした文書です。

【時局利用婦女誘拐被疑事件に関する件】

昭和十三年二月七日　　和歌山県知事

内務省警保局長　殿

和歌山県下田辺署で女性誘拐事件発生し、これを取り調べた状況は左記の通りなので報告申し上げる。

記

一、事件の認知の状況

昭和十三年一月六日午後四時頃管下田辺町大字神小浜、通称文里飲食店街で三名の挙動不審の男が徘徊していた注意中の処内二名は、文里水上派出所巡査に対して「疑わしき者に非ず。軍部よりの命令で上海港軍慰安所に送る酌婦募集に来た者で、三千名の要求に対して七十名は昭和十三年一月三日陸軍御用船で長崎港より、憲兵護衛の上送致済みであると称し、送り出したとの巡査の報告があった。

真相に不審を抱き情報係巡査に捜査させたが文里港料理店萬亭事E方に登楼し酌婦を呼び酌をさせながら上海行きを薦めつつあって、、交渉方法に無智な婦女子に対し金儲け良き点、軍隊のみを慰問し食糧は軍より支給するなど誘拐の容疑ありたるをもって被疑者を同行して取り調べを開始した。

二、事件取り調べの状況

被疑者は、大阪市貸席業」F（当四十五年）、大阪市貸席業G（当四十二年）、海南市紹介業H（当四十年）であると自供した。

Gの自供によれば昭和十二年秋頃、大阪市会社重役I、神戸市貸席業D、大阪市貸席業Jの三名は陸軍御用商人氏名不詳の某と共に上京して徳久少佐を介し荒木大将、頭山満と会合の上上海皇軍の風紀衛生上年内に内地より三千名の娼婦を送る事となり詳しい事情は知らないがJとIの両名で七十人を送ったか、大阪府の九条警察署長と、長崎県外事課で便宜を受けた。

上海に於いては、情交金、将校五円、下士弐円で二年後、軍の引き揚げと一緒に引き揚げるものとして前借金は八百円迄を出して募集に際しJの手先として和歌山下に入り込んだ。

勝手を知らない為、右事情を明かしてHに案内させて、御坊町で、A女（当二十六年）、B

女（当二十八年）の両名をA女は前借金四百七拾円、B女には前借金を三百六拾二円を支払い、両名を海南市H方に預けた」と自供した。

依って九条警察署関係を照会すると共に真相を明にするため、A女、B女を同行し事情を聴取したところGは誘拐方法を供述した。
三、身柄の処置
照会に依り被疑者三名の身元のみ判明したが皇軍慰問所の有無は不明であるが、九条警察署に於いて酌婦公募の証明を出した事実が判明、疑義の点多多あり真相確認後に於いて取り調べを行ったが、被疑者が逃走証拠隠滅の虞なしと認めて所轄検事に報告の上、被疑者A女、被疑者B女、同C女、被疑者H、関係人E、関係人D女、の聴取に止め、「何時でも出頭する」誓言をさせて、一月十日身柄を釈放した。
四、関係方面照会状況（抄）

（二）長崎県外事課よりの回答　昭和十三年一月二十日

長崎県外事警察課長

和歌山県刑事課長殿

事実調査方回答

大阪市貸席業F外二名　右の者婦女誘拐嫌疑を以て右者婦女誘拐の嫌疑を以て御取調の趣

にて皇軍将兵慰安婦女の渡航に関する事実調査方本月十八日付刑第三百三号を以て御照会相成候処本件に関しては客年十二月二十一日付けを以て在上海総領事館警察署長より本件長崎水上警察署長宛に左記の如く依頼があったので、本県においては右依頼状に基づき

一、本人写真二枚臨時酌婦営業許可願
一、承諾書
一、印鑑証明書
一、戸籍謄本
一、酌婦稼業者に対する調査書

を所持し、合法的雇用契約により渡航すると認められる者に対しては渡航を許可致し候條此の段及び回答候也

皇軍将兵慰安婦女渡来につき便宜供与方依頼の件

本件に関し前線各地に於ける皇軍の進展に伴い之が将兵の慰安方に付き関係諸機関に於いて考究中の処、日頃来当館陸軍武官室、憲兵隊合議の結果、施設の一端として前線各地に軍慰安所（事実上の貸座敷）を下記の要領に依り設置することとなった

記

領事館
（イ）営業願出者に対する許否の決定
（ロ）慰安婦所の身許及斯の業に対する一般手続き
（ハ）渡航上に関する便宜取り計らい
（ニ）営業主並びに婦女の身元其の他に関し関係所管署間の紹介並びに回答
（ホ）着港と同時に当地に滞在せしめざるを原則として許否決定の上直に憲兵隊に引き継ぐものとする
憲兵隊
（イ）領事館より引継ぎを受けた営業主並びに婦女の就業地輸送手続き
（ロ）営業者並びに稼業婦女に対する保護取り締まり
武官室
（イ）就業場所及び家屋等の準備
（ロ）一般保健並びに検黴に関する件
右要領に依り施設を急ぎ居る処、既に稼業婦女（酌婦）募集の為、本邦内地並びに朝鮮方面に旅行するものある筈であるがこれらのものに対しては、当館発給の身分証明書中に事由を記入し本人に携帯せしめ居るに付、乗船其の他に付き便宜供与方お取り計らい相成り度
尚着港後、直に就業地に赴く関係上募集者抱主又はその代理者等には夫々稼業に必要なる

書類（左記雛形）を公布し、予め書類の完備方指示置きたるも整備を欠くもの多かるべきを予想されると共に着港後、煩雑な手続きを繰り返すことのない様致し度に付、一応携帯書類御査閲の上、ご援助相煩わし度く、此の段御依頼する

前線陸軍慰安所営業者に対する注意事項

前線陸軍慰安所に於いて稼業する酌婦募集に赴き、同伴回港せんとするときは予め左記必要書類を整え着港と同時に当館に願い出許可を受けるべし

もし必要書類が具備せざる場合は許可せざると共に直ちに帰還させることあるべし

記

一、本人写真二枚添付した臨時酌婦営業許可願い、各人別に壱通（様式第一号）

一、承諾書（様式第二号）

一、印鑑証明

一、戸籍謄本

一、酌婦稼業者に対する調査書（様式第三号）

昭和十二年十二月二十一日

在上海日本総領事館警察署

（様式第一号）（略）

（様式第二号）（略）

（様式第三号）（略）

以上

（二）大阪九条警察署長よりの田辺所長宛回答）

拝啓　唐突の儀御赦（ゆる）し被下され度候

陳者この度、上海派遣軍慰安所従業酌婦募集方に関し内務省より非公式ながら当府警察部長へ依頼の次第も有之、当府に於いては相当便宜を与え、既に第一回は本月三日渡航させた次第にて目下貴管下へも募集者出張中の趣なるが、左記の者は当署管内居住者にして身元不正者に非ざる者、関係者より願い出候に就き之が事実に相違なき点のみ、小職に於いて証明書致し間然るべくお取り計らい願いあげ候　敬具

記

西区仲ノ丁一丁目　G

一月八日夜

大阪九条警察署長

和歌山県　田辺警察署長殿

4 「慰安婦」を集めた政府・国会の責任

以上の「警察資料」は政府・内務省が中国など東南アジアの占領地域や前線に「慰安所」の設置を行った証拠の公文書です。

最初に日本から「酌婦」を送り込んで設置した上海の「慰安所」は建物が今も残っていて人が住んでいました。２０１７年10月に『「慰安婦」問題とジェンダー平等ゼミナール』（「当ゼミナール」と略称）のフィールドワークで上海を訪れた時に、車がひっきりなしに通る大きな通りの反対側からその洒落た外観を見ることができました（下の写真）。

当時、神戸の貸座敷業者が日本の各地の業者に依頼して酌婦を集め、これに協力した管内のあっせん業者が地元警察の目につき、公序良俗に反する行為として拘束されたり取り調べを受けました。「警察庁資料第六」には各県知事から地元警察の対応が報

「慰安所」第１号の上海の「大一サロン」、上海に日本人女性を「慰安婦」として大勢送り込んだ。（吉川撮影 2017 年 10 月 23 日）

告されています。

中国で「慰安所」が急速に増えたのは、日中戦争で出兵した将兵も「中国滞在が数か月に及んで一時駐屯の体制となった」昭和13年秋以降です。「中国の売春婦と遊ぶため病気にかかるものが非常に多く軍医務局では戦争よりむしろこの花柳病の方が恐ろしいというような状況で施設（「慰安所」）設置」が必要となり、民間の事業者に酌婦募集を依頼することになったものです。

「酌婦」募集業者の身許保証まで

そのために日本各地と植民地にまで貸座敷業者を派遣し女性を集めさせました。公序良俗違反、時には誘拐犯まがいの事を行う業者は、時には警察の網にかかります。その報告が各地の県警から内務省に報告されます。

地元警察の逮捕を免れるために内務省が酌婦募集業者に特別の便宜を与え、身元保証をしていたことも「警察庁資料」で明らかになりました。

つまり日本政府は、①中国（ビルマ、その他も同様に考えられる）派遣軍の駐屯地に「慰安所」設置を決めた、②必要な女性（「酌婦」）の人数を各県に割り当てて県の責任で集めさせた、③各県知事は貸座敷営業者、女衒等を使って全国各地、時には日本から海外（植民地）にも出かけて「酌婦」とする女性を集めさせ、女性たちへ前借金を500円から1000円を支給した（今日の価値は数千倍～1万倍か）、④集めた女性達を御用船を使って海外に送った、⑤女性達との契約は当該県と結び、現地では憲兵隊、軍隊の管理の下に置かれた。以上のことが「警察庁資料」で明らかです。

このように女性の人権に対する恐るべき蹂躙（じゅうりん）行為が政府によって行われました。政府は女性たちに対してしかるべき補償を行う責任があることは明らかです。一方で多額の恩給を支給している兵将等との差別は余りにも大きく、不公平であるといわねばなりません。

にもかかわらず、戦時性暴力の犠牲になった女性たち、日本人「慰安婦」は、戦後一貫して政府から無視され続けてきました。この問題を放置することは、今やジェンダー平等を国是とする日本において決して許されるものではありません。

警察庁が私に提出した公文書は、政府は自らの手で遊廓から女性を集め前借金も用意して、「慰安婦」として御用船で前線の「慰安所」へ行ったという動かぬ証拠です。金学順さんのような人が日本でも名乗り出れば、具体的に政府の責任を追及できるのではないでしょうか。時効とか除斥期間云々を、政府はいえないはずです。そのために、日本人「慰安婦」を隠すのではなく存在を明らかにする、抽象的に存在したというのではなく具体的にここにいる、ということがいえる日本社会であってほしいと痛切に思うのです。

今やほぼ生存の可能性のない犠牲者たちへの償いは、政府及び国権の最高機関たる国会がこの歴史の事実を認め、謝罪し、再発防止の決意を宣言することです。

第三章　遊廓へ私の旅

はじめに～集められた女性達の出自

笠置軍医の「名簿」の日本人女性9人の中、少なくとも4人は遊廓の娼妓であることがはっきりしています。その中のSY、KSの2人の「現住所」は中国・奉天の遊廓であると推測できます。

当時政府は中国の東北地方を支配下に置き、「王道楽土の実現」を宣伝して日本の農民を満蒙開拓団として多数送り込みました。軍人や満州国政府官僚、民間企業社員、土木事業者等も満州に殺到し、昭和7、8、9年頃は特に芸妓娼妓の数がうなぎ上りに増えています（平林広人「新満州国に於ける法人の風紀について」日本婦人問題資料集成第1巻人権）。

私たちの調査では、SYは満州で生まれた彼女が遊廓に行くについては複雑な事情があった事がわかりました（第1章で詳述）。KSがなぜ満州にいたのかは不明です。満蒙開拓団や「大陸の花嫁」等多くの日本人が満州に活路を見出そうと押し寄せた当時、大陸の遊廓のほうが稼げると出稼ぎに行った女性の一人かもしれません。

またYS、IJは1943（昭和18）年には熊本県八代市紺屋町の遊廓に働いていました。TK、SM、YS（彼女はだぶり）の3名は、「現住所」が同じなので共同生活していた可能性があります。「本籍」が奈良県、熊本県阿蘇地方、熊本県天草地方と、それぞれ違うのに、警察に申請した「現住所」が同一地番という事は、抱主が同じであると考えられます。しかし2016年3月に私達調査団がこの「現住所」を訪ねたところ、純農村地帯で人通りも人家もほとんどありませんでした。ここが戦前は賑やかな街だった名残はない山間僻地（へきち）で、共同生活の場があるとは考えにくい土地でした。

さらにTK、SYは戸主の名前が実父等の直系尊属ではありません。日本軍「慰安婦」の条件は「身体壮健にして親権者の承諾を要す。但し養女籍にあるものは実家の承諾なきも差し支えなし」（警察庁資料・第六）となっています。この2人は親族の承諾のないまま貸座敷の主人（抱主）との養子縁組をして「慰安婦」になった可能性があります。

なお福岡と北九州出身の女性の「本籍」「現住所」は、当地が空襲で破壊され、戦後の再開発で大きなビルが建ち、すっかり都会化していて地番も残っておらず、訪ね当てることができませんでした。「本籍」「現住所」の近くにはいずれも大規模な遊廓がありましたので、そこで働いていた可能性は十分あります。

遊廓と近代政府の政策

ビルマ従軍の日本人「慰安婦」の女性たちが揃いも揃って働いていた、少なくとも関連があった、「遊廓」とはいったいどんな所なのでしょうか。「広辞苑」によれば、「多数の遊女屋が集まっている一定の地域。いろざと。いろまち。くるわ。遊里。明治以降貸座敷営業が許可された地域」とあり、また、「『遊女』とは遊廓が公許されてからの公娼、私娼の称、女郎、娼妓であり、『遊女屋』とは遊女を抱え置いて客を遊興させる家、女郎屋、妓楼、貸座敷」とあります。

よく知られているように、貧しい農家等の娘が多額の前借金を背負わされて父親に遊廓に売られます。芸妓・娼妓となった女性達は次々に客を取らされ、自分の体を犠牲にして病気で働けなくなるまで稼がざるを得なかったのです。一生懸命働いても、抱え主がいろんな名目で借金を増やすので借金が減ることはありません。挙句は性病をうつされ、結核にかかり健康を害します。妊娠した場合、子ども達の運命はどうなったのでしょう。借金を返済しなければ娼妓をやめられませんので、廃業の自由は事実上ないのです。女性達の苦しみは想像以上だったに違いありません。

明治政府は、突如起きた＊マリア・ルス号事件の対応に際して、日本の公娼制に対する国際的批判をかわすために１８７２（明治５）年「娼妓解放令」を発します。いわく「人身を売買し終身又は年季を限り受人の存意に任せ虐使する事は人倫に背き有るまじき事」として、「古来制禁の処、従来年季奉公等種々の名目以て……売買同様の所業に到り以ての外の事につき自今厳禁の事」という厳しい内容でした。この内容が貫かれていれば公娼制は廃止され、女性たちの悲劇はかなり少なかったに違いありません。しかしこれには抜け道がありました。「当人の望みによる」渡世は認められたのです。本人の自由意志で客に接するのはかまわないとして、「業者は遊廓の施設を貸座敷として自由営業者─娼婦に使わせることは認められる」とされました（「資料集成第1巻人権」市川房枝解説）。

「解放された娼妓ではあったが更生策もないため路頭にさまようことになる。結局1年余りのち、自由意志で営業を希望する娼妓に場所を貸す、という形で遊廓は復活した」（第84回常設展示「廃娼の歴史」国会図書館）という事です。

以後、娼妓は自らの意思で性を売るものとされて法的には人身売買ではないことにされ、政府は国際的な体面を保ち人身売買禁止条約の網の目をくぐることができたのです。

＊マリア・ルス号事件：１８７２（明治５）年横浜港に停泊中のマリア・ルス号（ペルー船籍）内の清国人苦力を奴隷であるとして日本政府が解放した事件。

法的に保証された、夫の不貞の「権利」

遊廓に通えるのは男性だけの特権で、女性に対しては禁じられていました。これは社会の慣習ではなく法律上の保証です。

即ち、旧刑法には妻だけに姦通罪がありました。第183条に「有夫の婦姦通したる時は二年以下の懲役刑に処しその姦通したるもの亦同じ。前項の罪は本夫の告訴をもって之を論ず。但し本夫姦通を慫慂したる時は告訴の効無し」と規定してあります。つまり、妻（女性）の姦通は処罰しますが夫（男）の姦通は不問に付されています。そして夫が妻を許せば（告訴しなければ罪に問わない（親告罪）、として夫の妻に対する「支配」を認めています。男性は妾を持っても遊廓で娼婦を買っても何のお咎めもなしで、それを法的に保証しているのが刑法の姦通罪です。

廃娼運動を行っていた日本キリスト教婦人矯風会（「矯風会」と略称）はこうした扱いに反対して、貴族院と衆議院に「一夫一婦制の建白書」を提出しています。内容は、「夫にも姦通罪を規定し男子の姦通についても等しく処罰すべきである」と、刑法改正を求めています。また、民法には「有妻の男子にして妾を蓄え妓に接するは姦通なり」との条文を明記するように求めています。男性にも姦通を禁じることは一夫一婦の精神である、と国会に迫っています。太平洋戦争敗戦前の日本は、厳密な意味では一夫一婦制ではなかったといえます。

こうして、男性が女性を買う行為は日常的で、男性の享楽に女性を提供する日本独自のシステム＝「遊廓」が日本の隅々まで（また、植民地を含め）存在していました。

侵略戦争が始まれば軍隊の赴くところ占領地や前線にも「慰安所」が設置されたのです。遊廓が戦場に移動し、遊女たちが今度は「慰安所」に送り込まれたのは当然の帰結でした。もっとも「慰安所」の設置を政府は銃後の一般国民にはひた隠しにした結果、多くの国民とりわけ女性は知らなかったのです。

日本の公娼制廃止の運動〜埼玉県の場合

戦前の日本で、悲惨な状態に置かれた女性たちを救い、女性の人権を守るため廃娼運動が活発に取り組まれました。1898（明治31）年11月、新島襄（1843〜1890）の意見を入れて、人道上の立場から公娼制を廃止した群馬県を始めとして、公娼制廃止決議が多くの県議会で行われます。

埼玉県では政府の「娼妓解放令」を受けてその翌年、1873（明治6）年10月「売淫防止令」を発し、全国初の廃娼県となります。しかし翌年、隣接の熊谷県との合併により、本庄・深谷地域に仮に営業を許可し存娼県となってしまいます。一方で一人の県議からは「県下一円に娼妓貸座敷営業を認めよ」との建議が出されますが、白根県令はこれを認めませんでした。

1879年、東京にキリスト教婦人矯風会が設立され廃娼運動の影響が全国に広がり、埼玉にも及びます。日本聖公会信徒が「公娼増設請願」に対して、不採用の建議書を県会議長に提出するなど廃娼運動が起きます。県会で本庄・深谷（埼玉県の北部地方）の娼妓貸座敷営業を廃止する提案が県会で採択されますが、知事はこれを採用しませんでした。

それをきっかけに「埼玉非公娼同盟会」が設置され、本部を大宮町労働クラブ内に置き、県下各地に支部を設置して広範な反対運動が起きます。貸座敷業者の政治家への働きかけがあり廃娼は簡単に実現しませんでしたが、1927年廃娼期成同盟会が知事と県会議長に対置公娼制度廃止の請願を提出し翌年、公娼制廃止決議を満場一致で可決します。

埼玉で売淫禁止令を発して粘り強い県民の運動がありましたが、それ以来半世紀以上、53年が経過しています。（『埼玉女性の歩み』上巻平成5年3月発行）

各地で「矯風会」や救世軍等キリスト者や女性団体の運動で県議会を動かしてゆきます。1930（昭和5）秋田県、1945（昭和20）年の長野県等7県を含め、敗戦までに30県で公娼制が廃止されています。しかし公娼制の廃止された所でも私娼は生き残っていきました。

残念ながら公娼制廃止の運動もアジア太平洋戦争の激化とともに中断します。そして政府と軍は、戦争の長期化と共に遊廓の娼妓たちを多数「慰安婦」として中国やビルマ等アジア地域の「慰安所」に送り込んだのです。

敗戦から46年後、韓国人「従軍慰安婦」の金学順さんが名乗り出て、戦時性暴力の被害に対する損害賠償を求めて日本政府を提訴しました。これに続いて多くの被害を受けた女性が名乗り出て運動は大きく発展しました。その結果、国連を通じて国際的にも戦時性暴力禁止の思想は浸透し発展しました。

しかし遊廓から送られた大勢の「慰安婦」の中で、名乗り出て日本政府の責任を追及した日本人は一人もいません。旧植民地の遊廓出身「慰安婦」も同様であろうと推測しています。女性の人権の視点から「慰安婦」問題に迫る場合、遊廓出身の「慰安婦」問題を不問に付すことは出来ないでしょう。

世界史的な公娼制度の由来と、日本社会

かのエンゲルスは、人類の家族の形態を富の蓄積の増大と共に群婚から対偶家族そして「女性の世界史的敗北」を経て、一夫一婦制へとたどる興味深い分析を行いました。

「一夫一婦婚家族　それは、誰が父たる身分であるかについて争う余地のない子どもたちを産ませるという明確な目的をもった、男子の支配の上にきづかれているもので、この父たる身分が必要とされるわけは、これらの子どもたちが他日、実子相続人として父の財産を引き継ぐことになるからである」、「不貞の権利は少なくともまだ習俗によって今でも夫に保証されており、社会の発展が進むにつれてますますそれが行使される」

また次のようにも指摘しています。

「一夫一婦婚が生まれたのは比較的大きな富の一人の手――しかも一人の男子の手――への集中と、またこの富を他の誰でもなくその男子の子どもたちに相続させようとする欲望とによるものであった。それには男子のではなく女子の一夫一婦婚が必要だったのであり、したがってこうした女子の一夫一婦婚は、男子の公然または隠然の一夫多妻制を妨げるものでは決してなかった」

また男子の「不貞の権利」や買春については次のように分析しています。

「……集団婚（群婚）は男子にとっては事実上今日に至るまで存続している。女子にあっては犯罪であり、法律的および社会的に重大な結果を招く事柄が、男子にあっては名誉とみなされたり、最悪の場合でも快く許される軽い道徳的欠点とみなされる」（エンゲルス『家族・私有財産・国家の起源』土屋保男訳・新日本文庫1990年8月初版）

私にとってこの著作は、若い頃に階級社会への目を開かせてくれた貴重な1冊ですが、長い人生の道のりを経て日本の「遊廓」が研究テーマになった今、この仕組みを理解するうえでも豊かな材料を提供してくれています。こうした時代と地理的条件を超える書物こそ「名著」というのでしょうか。

ともあれ、エンゲルスの指摘は20世紀の日本社会にも当てはまるのです。

「夫の（不貞の）権利が少なくとも慣習によって保障」されていたエンゲルスの時代のヨーロッパに比較して、日本では太平洋戦争に敗北するまで、20世紀に至るも法的に保証されていたのです。これは日本社会の後進性を示すものです。その後進性を今日、21世紀に至るまで日本社会は引きずっているのでは？　この疑問が私をして、この本を書かせているのです。

2　私が訪ねた元遊廓〜奈良県大和郡山市

2017年10月3日、私は奈良市在住の知人の案内で大和郡山市の「洞泉寺」遊廓跡を見学し、帰りに近鉄郡山駅に行く途中、「東岡」遊廓跡の商店街を通過しました。奈良県出身の日本人「慰安婦」の調査に宇陀市に行き、翌日奈良県の遊廓を見学しました。

奈良は古都にふさわしく遊廓の歴史も古いのです。奈良県に置かれていた昭和初期に公認されていた遊廓は、奈良市内の「木辻」、大和郡山市の「洞泉寺」、「東岡」の3カ所。「……大和郡山は城下町。商業の街として栄え戦時中も空襲の被害をうけなかった。妓楼は洞泉寺の門前から参道一体に並び昭和5年6月には17軒の店に娼妓165人。戦後は赤線に移行することなく廃止された。現在も当時の建物が数棟姿をとどめており、ハート型の窓が目を引く三層楼「川本邸」は市によって保存活用が進められている」（木村総『色街百景―定本・赤線跡を歩く』2014年彩流社、P116）とあります。

奈良の遊廓には県外の大阪、京都、兵庫などからも女性が集められてきたといいます。女性が自立して働く場所が非常に少なかった時代、また義務教育は小学校6年までで上級に進学できない女の子が圧倒的に多かった時代、彼女たちにとって性売買という働き口はめずらしくはなかったでしょう。

古色ただよう遊廓跡の街並みを歩いていると、時代をタイムスリップしたかのような歴史を感じる建物が軒を接して残されており、街角から芸妓が三味線を抱えてふと出てくるような趣があります。

また別の本によると「『郡山東岡遊廓』は奈良県生駒郡郡山町字東岡に在って関西線郡山駅の東南約7丁の地点に当たっている。……ここもやはり遊廓になっていて、揚屋（貸座敷）が21軒、娼妓が全部で190人居る。ここは総て大阪式で、置屋から娼妓を揚屋に呼んで遊ぶのである。従って廻しは一切取らずに全部時間制または仕切り制になっている。……洞泉寺遊廓は東岡遊廓よりは建築においても……あらゆる点において一歩譲って居る。貸座敷は目下17軒あって、娼妓は150人居る」（『コレクション・モダン都市文化　第34巻　遊廓と売春　全国遊廓案内』2008年1月25日ゆまに書房、P359）

＊貸席＝関西方面の言葉で、御茶屋または揚屋をいう。芸娼妓を上げて遊ぶ家。料理は仕出し屋からとっている。

＊貸座敷＝芸娼妓の置屋、揚屋、又は兼営の家等を総称したもの。

芸妓・娼妓の逃亡を防ぐ

「洞泉寺」遊廓の一角、古色蒼然とした木造の建物の窓は一面に格子で覆われています。詳しい方の話によれば、「この格子は張見世(みせ)(娼妓が並んで顔見世して客引きをする)禁止後に出来たもので、格子の間隔を狭くしま

道に面した貸座敷の面影遺す建物で現在も活用されている

3階建ての元貸座敷

ハート形の窓の下は隣接の寺の境内、市の協力を得て保存

（＊写真はいずれも吉川撮影）

した。衛生面に配慮しなければならなかったこともあり採光のため全面格子、非日常の演出の目的もあった」とのことです。細い路地を歩いていると2メートル程しかない狭い路地の両側に大きな石が置いてありました。ここには見張り番がいて逃亡を防いだとのうわさを耳にしました。江戸の新吉原遊廓も遊女たちの逃亡防止のため出入口は大門一つで裏門はありません。そのため度々起きる火事（放火）では遊女たち多数が逃げ遅れて焼死したという痛ましい事件が伝えられています。

２０２２年９月１日、関東大震災99年目の日、被災した遊女らが息絶えた池の名残を残す吉原弁財天（東京都台東区）で百回忌の法要が営まれました。「台東区千束にあった吉原遊廓の遊女四百九十人が、地震の後に起きた火災から逃れようと、近くの弁財天の池に飛び込んで亡くなった」、「（江戸時代の）

遊廓の貸座敷の内部

建物が格子でおおわれている

千六百五十七年の明暦の大火後、日本橋にあった吉原遊廓が現在の千束に移転し、弁財天は遊女たちの信仰を集めた。遊廓は『お歯黒どぶ』と呼ばれた堰(せき)に囲まれ、それが(火災の時に)避難を妨げたとされる」(2022・9・13東京)。

「お歯黒どぶ」とは「遊女達が使ったお歯黒の汁を捨てたところからいう。江戸新吉原遊廓を囲む溝。遊女の逃亡を防ぐために設けたもの」(デジタル大辞泉)

私が調査に行った佐賀市の遊廓は四方を運河で囲まれそこに一カ所橋をかけて、逃亡防止の見張り場所が設置されていました。大和郡山の遊廓でも遊女たちの逃亡を防ぐため、いろんな「工夫」がされていたに違いありません。

「籠の鳥」などと言われますが遊廓は借金を負わされた女性が逃げられない、女性の人権がとことん蹂躙されていた場所なのです。

2 三重県伊勢神宮に近い古市(ふるいち)遊廓を歩く

伊勢参りの〝精進落とし〟に遊廓に通う

2018年12月26日、私は瀬古由起子さん(日本共産党元衆議院議員)の案内で三重県伊勢市の（天照大神を祭ってある）伊勢神宮内宮と外宮の中間にある古市遊廓跡を訪ねました。今も昔も伊勢神宮への参拝は国民的人気ですが、ここに大きな遊廓があった事に私は驚きました。

今より娯楽は少なく旅も自由ではなかった江戸時代、伊勢参りは庶民のあこがれであったのでしょう。日常の生活から解き放たれ伊勢参りという正当な目的の旅に出る、これは大きな楽しみであったと思います

古市遊廓は伊勢神宮の参道にあり、最盛期の天明期（江戸中期）には１０００名の遊女がいて、妓楼が70軒あったといわれています。大変大きな遊廓だったことがわかります。古市遊廓は「明治５（１８７２）年には貸座敷33軒、娼妓６４０人でしたが、昭和初期（１９３０年）には22軒、１３５人に減少（「ウィキペディア」）」しました。

古市遊廓の近くの新古町三遊廓（宇治山田市の等三ケ町）は古市より交通の便が良く、昭和11年頃は貸座敷が24軒あり娼妓が２００人もいました（吉田昌志編『遊廓と買春』）。三重県にもたくさんの遊廓があり大勢の娼妓、芸妓が働いていました。

そして江戸の吉原遊廓、京都の島原遊廓とともに日本３大遊廓といわれました。現在は大型バスが通るので車を避けることも大変なほど狭い道幅で、両側の家が接近しています。

遊廓とは読んで字の如く周囲を塀か、水路、運河等で囲んであり、遊女たちの逃亡を防ぐために出入り口には見張り番が立っている遊廓の跡も私は見てきました。前借金を負った遊女が勝手に逃げられないようにするためです。

しかし、この古市遊廓は伊勢参りの街道沿いにあり囲いはありません。では遊女たちは自由に外出できたのでしょうか？ 瀬古由紀子さんの調査では、遊女たちが逃亡しても警察官に追われてすぐ捕まるので簡単には逃げられず、逃亡を企てる遊女はほとんどいなかったのでは、ということです。

古市遊廓は先の戦争の時の空襲で大きな被害を受けたということです。唯一残る「麻吉旅館」は当時の面影を残します。威容を誇る木造建てで遊廓の繁栄が偲ばれます。

唯一残る「麻吉旅館」の立派な建物

「伊勢古市参宮街道資料館」リーフより

大林寺の遊女の墓の由来

遊女の墓があると聞いて、大林寺を訪ねました。街道沿いの郵便局から狭い道を少し入った場所です。古市の妓楼・油屋で起きた殺傷事件「油屋騒動」は歌舞伎の題材となり、今も上演されている有名な演目で中心人物の遊女お紺の墓です。

瀬古さんによると、お墓は油屋お紺と恋人の27歳の町医者孫福斎（まごふくいつき）の墓でした。油屋騒動はお紺が孫福斎の探していた名刀の鑑定書を手に入れるために心変わりを装い、それに孫福斎が誤解して刃傷沙汰になりました。若き町医者と遊女の道ならぬ恋は成就するはずもなく、医者は自害するほかなかったのでしょう。それを芝居にして大ヒットしたものです。

お墓に刻まれた年齢差、孫福斎は事件で自害したため27歳、お紺は49歳（事件当時16歳）となっています。どう考えても親子の差があります。とても不思議でした。

これも瀬古さんの調査でわかったことですが、事件の後お紺は行方不明となり、死ぬ間際に発見され、それが49歳とい

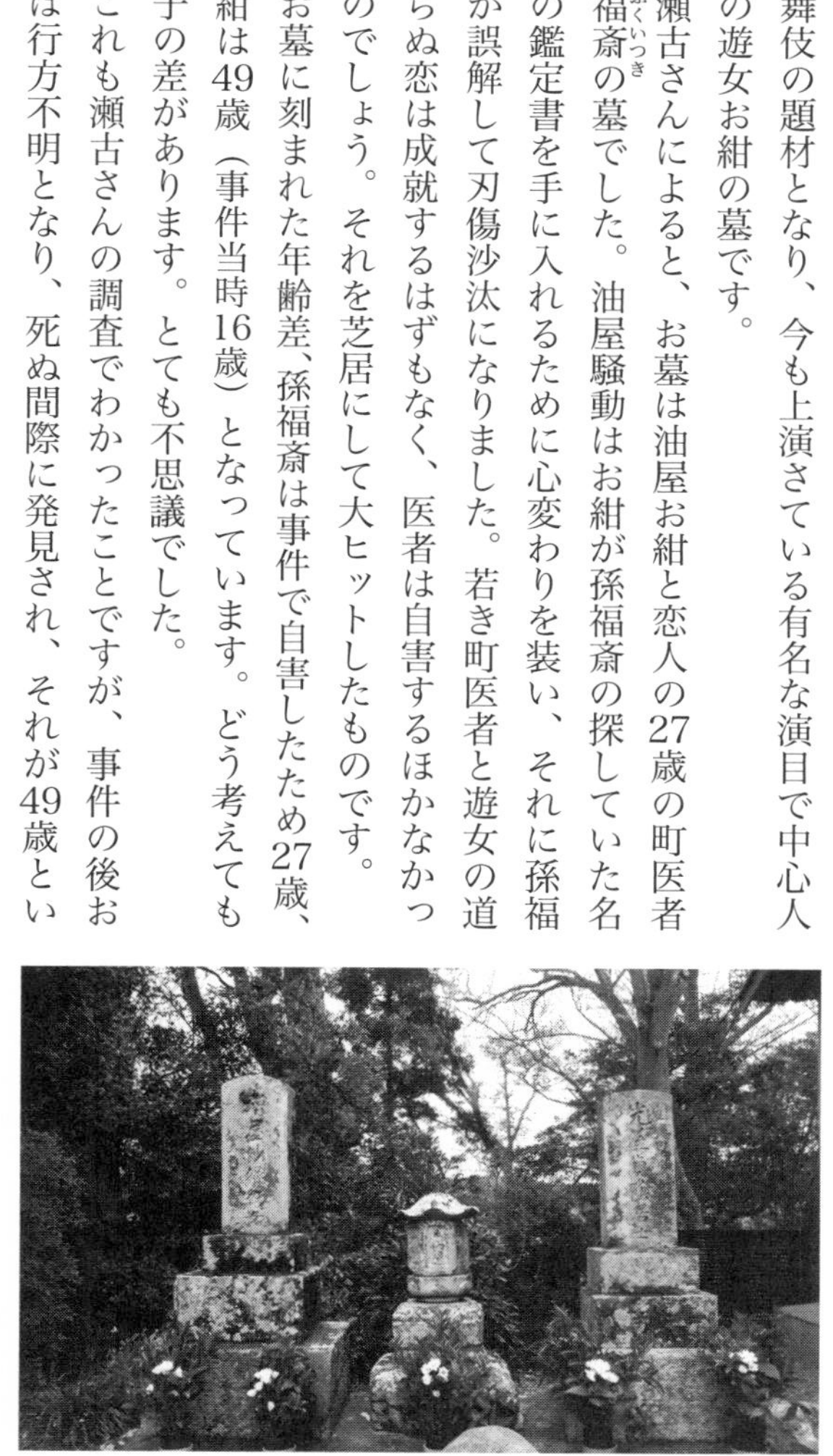

遊女のお紺と孫福斎の墓、真ん中はお地蔵様

うことです。事件当時10代のお紺が49歳で発見されるまで、どんな人生だったのかはわかっていません。心中の片割れとして世を忍ぶ厳しい人生だったのではないかと私は想像します。お紺の墓には多くの歌舞伎俳優などが墓参しているとのことです。

遊廓にいた他の遊女たちの墓については、大林寺の奥さん（和尚さんが留守）の話では「まったくありません」ということでした。

「伊勢市古市街道資料館」では遊廓の歴史を伝える

街道の中ほどにはこじんまりとした資料館があり、1階展示室の常設展示について市職員が丁寧に説明してくれます。遊廓の歴史を知る写真や資料が公開されていて興味深いです。

加えて意欲的なテーマ別特別展が何度か開かれています。入館は無料です。町の歴史で遊廓に関するものを隠す自治体もあると聞きますが、ここでは市が責任をもって常設展示館を設けて公開し、資料を発掘する姿勢を評価したいと思います。2階は研究室で料金が半日600円～800円と低料金で貸し出されてもいます。

なぜ、神社と遊廓が近所にあるのか？

この古市遊廓は伊勢神宮参拝の「精進落とし」の場として栄えたのだということです。「精進」の期間は「ひたすら仏道修行に励みその間肉食は避けるが、「精進明け（落とし）」とは「精進の期間が終わって肉食をする事」とされています（『広辞苑』）。

伊勢神宮に身を正して参拝し、御役目が済んで緊張感から解かれて〝娼妓を買う〟ことが許される、これを精進落としというのでしょうか。これが日本男性の習慣だった時代、女性にとっては生きやすい時代のはずがありません。

私が2016年に各地の日本人「慰安婦」の本籍地を訪ねた時、例えば山形の赤湯温泉の熊野神社、佐賀市の元遊廓の近く等々神社の傍に遊廓がありました。大和郡山の貸座敷は隣接する寺の境内が見下ろせる場所でした。

今回「精進落とし」のため古市遊廓が発展したと聞いて、神社の近くに遊廓？　の疑問が解かれた思いがしました。寺や神社と遊廓は遠い存在という私の認識は覆りました。

神社のみならず、港、河の船着き場、工場、商業都市、鉱山……等々男性の集まる場所に必ず遊廓があり、日本は遊廓列島でした。男性にとっては「精進落とし」、遊山（ゆさん）であっても芸妓、娼妓とされた女性達の苦しみは顧みられたのでしょうか。

貧乏故に少女の時に遊廓に売られ借金は膨らみ、その後の人生はいかばかりだったでしょうか。

モノ言えず歴史の中に消えていった女性達の事を思わざるを得ません。

太平洋戦争中に遊女たちはどこに行ったのか

古市遊廓、新古町三遊廓の双方とも、太平洋戦争中空襲にあい商売はおぼつかなくなります。ここで働いていた娼妓、芸妓その他の人々は働き先をなくしてどこへ行ったのでしょうか。

中国で日本軍が南京事件で大虐殺、大レイプを行って後、つまり昭和13年頃から中国で急速に「慰安所」の数が増えます。その結果いわゆる醜業に携わる女性の需要は増します。貸座敷の経営者や女衒が高知、和歌山、群馬、山形まで、西から東へと跋扈して遊廓の女性をリクルートして上海の「慰安所」へ送りました。和歌山県警がこの様子を内務省警保局長に報告している公文書が警察庁から吉川宛てに提出されました（第2章参照）。

昭和10年代、ここ古市遊廓で働いていた女性達の運命は太平洋戦争中、どうなったのでしょうか。三重県の遊廓からアジア諸国へ「慰安婦」を派遣した、との公文書は残っていませんが、三重県には業者が「慰安婦」募集に行かなかった、とも断定できません。日本の戦争責任の証拠となる公文書が焼却されてしまったからです。

今回の三重県の遊廓跡訪問はいろいろな事を考える材料を提供してくれました。この「伊勢市立古市三宮資料館」において彼女たちの戦争中と敗戦直後の行動について調査し資料を発掘してほしいと思います。

（吉川春子記、２０１８年12月31日「『慰安婦』問題とジェンダー平等ゼミナール」ブログ）

3　遊廓と日本人「慰安婦」紙人形に秘められた悲話

２０１６年3月、日本人「慰安婦」の消息を訪ねて大分県日田市に行きました。案内してくださった諌元正枝さんは元日本共産党日田市議です。52歳で日田市議に当選しますが、元家庭科教師です。私が訪問した時はすでに市議を引退し紙人形作家として50人のお弟子さんと共にたくさんの作品を制作していました。

さて、この地からはるばるビルマへ「慰安婦」として送られたその女性（ＴＨ）は、ビルマの慰安所で働いたのちイギリス軍の侵攻に伴い日本軍とともにジャングルの中を敗走の末「戦死」しています。痛ましい事です。「名簿」では彼女の「本

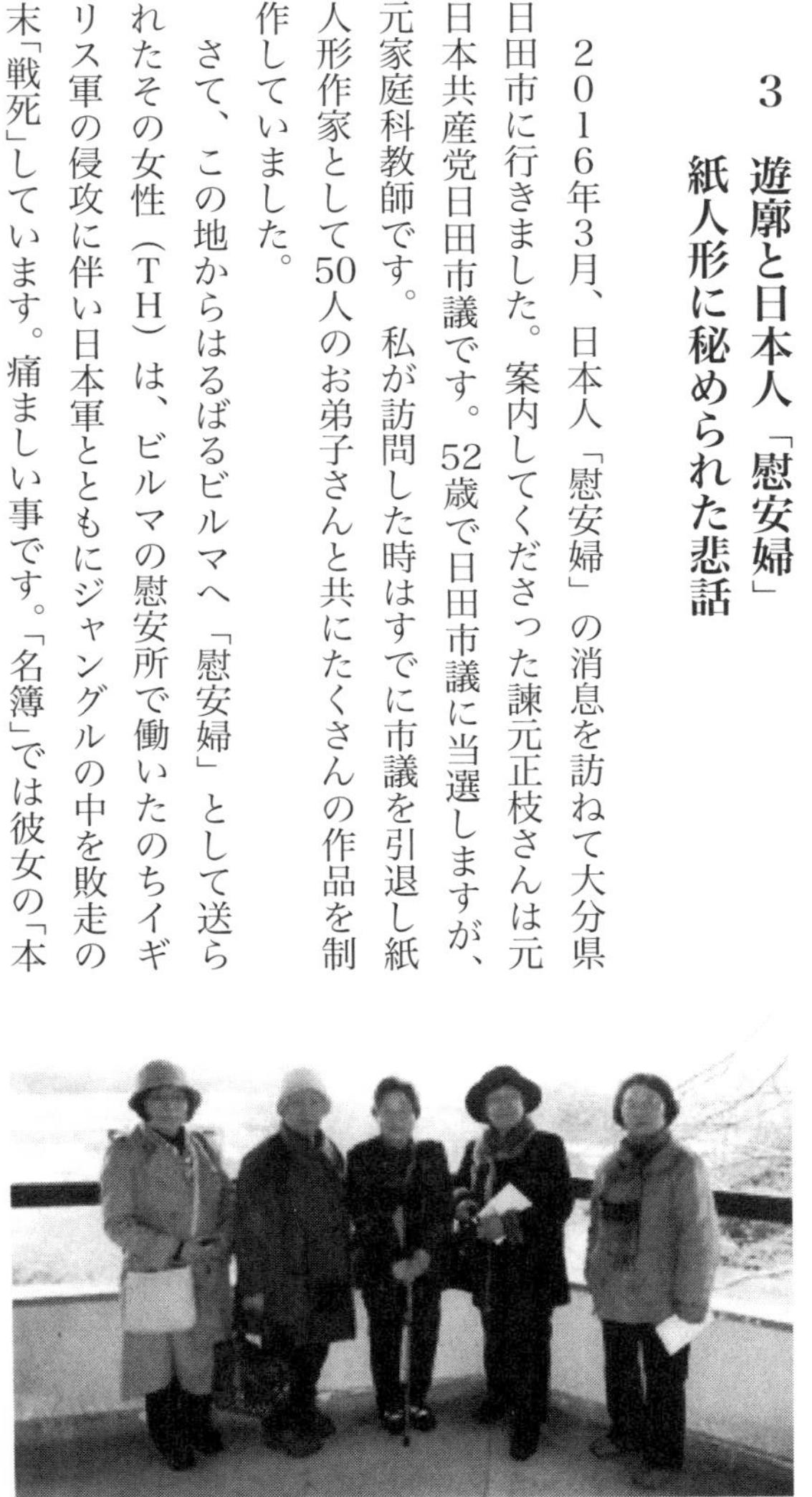

日本人「慰安婦」調査団と大分県日出市案内の諌元正枝さん（中央）

籍」と「現住所」が日田市にあり、戸主（父親か？）の名前がわかっているので私達はどんな所に住んでいたのか調査に行きました。しかし市内を歩き回りましたが彼女の「現住所」に到達することはできませんでした。

諫元さんは日田にかつてあった豆田遊廓の跡へ私達を案内してくれました。私達は遊廓の古い街並みを見学し、ここにも遊廓があった！ということを実感しました。私たちの訪ねた女性もビルマに行く前はこの町の遊廓で働いていたのでは、と想像しました。

遊廓に作られた保育所（養育館）

諫元さんは日田市に孤児院又は保育園があった、という話をしてくれました。江戸時代幕府直轄の支配地、天領・日田は西国郡代として幕府の重要拠点であったのです。商業も盛んで、多くの商人たち（男性）が集まる街、したがって遊廓も存在したわけです。

明治元年に日田県知事として着任した松方正義は、明治２（１８６９）年にこの地に棄子（きし）・孤児・貧児収養所として養育館を創設し、孤児、貧児、遊廓で生まれた子ども等３６０余名を養育したということです。

大富豪の家などの門前に朝、赤子が布に包まれて置いてあり、時には2人、3人ということもあり、中に土地名や母親の名前書きを持たせていました。養育の費用はすべて豆田、隅の豪商、医師、産婆などの拠出金と労務奉仕により運営されました。その後大分県にひき継がれ、明治6（1873）年まで存続しました。松方は養育園の閉鎖（5年でつぶれる）の折に、全ての子の里親を見つけ出して里子の契約をしたということです。この養育館跡は我が国の孤児院発祥の地といわれています（「日田市教育委員会」）。

上：「日田養育館」の石碑
下：「日田養育館跡」の立て札

紙人形「日田養育館」の迫力

諌元さんは大名行列や保育所で生活する子どもたちなど、お弟子さんと共に次々とダイナミックな紙人形を制作して発表しています。

諌元さんの紙人形の大作「日田養育館について」（左の写真）に私は度肝を抜かれました。紙人形で子どもたちが保育される様子や、給食の材料を運び込む大八車（だいはちぐるま）を引く業者、門の外はパトロールの警察官などがリアルに表現されています。具体的に示されることで、私は遊廓で子どもが生まれるという事実を突き付けられた思いがしました。

当時県知事の発案で、篤志家の善意もあって、親に捨てられるという不幸な星の下に生まれた子ども、そして遊廓で生まれた子どもが育てられたことに感動しました。生まれた幼い命、何の抵抗もできない命を大人の身勝手から捨てる。その一方、この命を拾い上げて、地域の力で育て上げた人々がいたという土地の歴史は長く語り継がれるべきでしょう。

上：日田養育館、紙人形で内部の様子を再現
下：里親の希望者との面談部屋、念書を書いて捺印していた

ローカルから歴史資料の発掘と保存を

前述のように太平洋戦争中、政府は遊廓に働く女性（娼妓等）を海外の「慰安所」へ送りました。大分県出身の女性もビルマに送られた一人であるという記録が残されているのです。彼女は日本の遊廓と、ビルマの「慰安所」で性奴隷の苦しみを味わいました。しかし残念ながら、東京から行っての短時間の私たちの調査では詳しいことを突き止めることは出来ませんでした。

また、遊廓で生まれた子どもは大人の情欲の悲惨な犠牲です。こうした子どもを育てた養育館が大分にあったという事実は大変貴重です。全国の遊廓のある町でこうした例は外でもあったのでしょうか。これは全国的に見ても進んでいたのではないかと思います。草の根の取り組みでさらに郷土の養育館の歴史を掘り起こしてほしい、地域の運動に期待します。

（2016年10月30日、「『慰安婦』問題とジェンダー平等ゼミナール」ブログ）

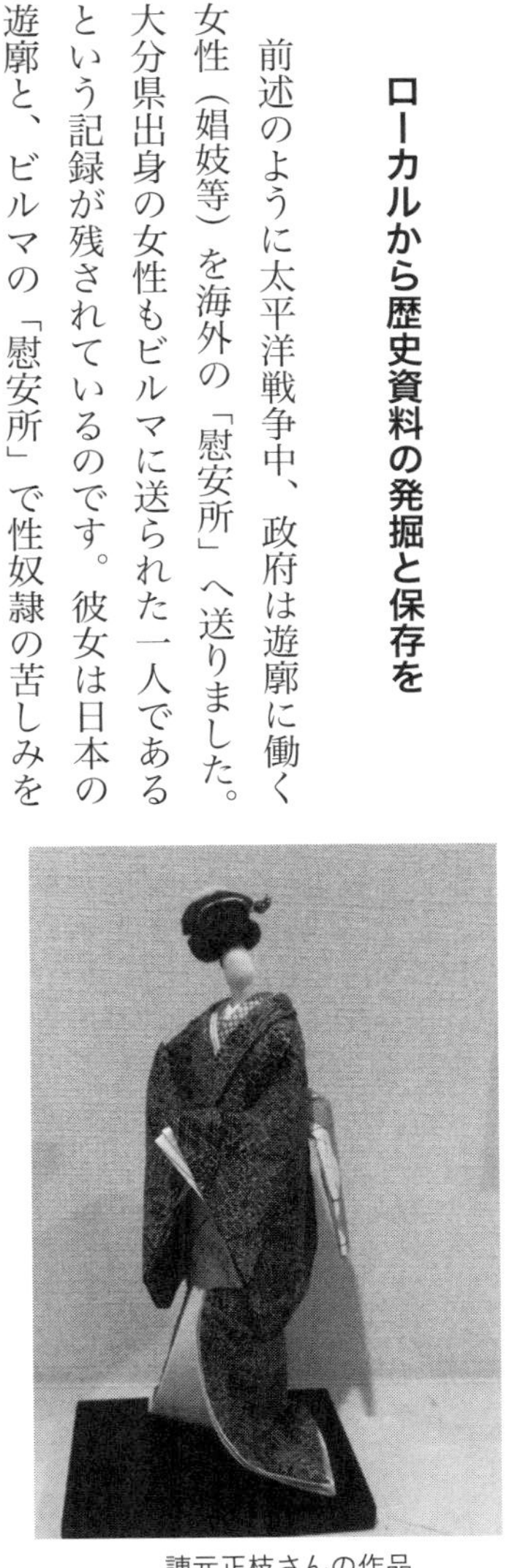

諫元正枝さんの作品

第四章　米兵のための「慰安所」設置と政府の証拠隠滅

このテーマについて私は著書『従軍慰安婦　新資料による国会論戦』（あゆみ出版１９９７年）で論述しています。本稿は第２弾です。

日本は１９４５年８月15日、無条件降伏して米国の占領が始まります。政府が恐れたのは米進駐軍による日本女性への性暴力です。政府は敗戦３日後に占領軍用に性的慰安施設を準備するように全国の警察に指令し、日本人「慰安婦」を占領軍に提供したのです。「公娼・私娼の売春業者・待合・料亭・カフェー及び「産業戦士慰安所」の業者などにＲＡＡ（Recreation and Amusement Association 特殊慰安施設協会）を結成させ1億円の予算を投入、関係省庁を動員し……占領軍兵士に女性の性的サービスを提供する施設が各地につくられました（藤目ゆき『性

の歴史学』P３２６ 不二出版、１９９９年8月）。

しかし、ポツダム宣言受け入れ後の日本においてこうしたことが許されるはずはありません。私は１９９６年の参議院決算委員会で、米占領軍と一体で行った日本女性への性暴力に対する政府の責任を追及しました。しかし政府は事実さえ認めようとしません。本書では今日まで続く責任回避の根拠に迫ります。

本章の終わりに私の１９９６年11月の決算会会議録と１９９８年の質問主意書を再録しました。この件に関する国会質問はこの2回しか行われていないからです。（ちなみに、韓国の「慰安婦」問題等に対する質問は、数十人の国会議員によって数百回以上行われた）

1　敗戦直後、政府が米兵用「慰安所」を設置

１９４５年8月18日、政府は内務省警保局長通牒『外国軍駐屯地における慰安施設に関する件』を都道府県警察に向けて発し、進駐してくる米兵のために「慰安所」設置を全国の警察に指示します。通牒には（別記）として次のような「外国駐屯軍慰安施設等整備要領」を掲げています。

一 （別記）外国駐屯軍に対する営業行為は一定の区域を限定して従来の取り締まり標準に

かかわらずこれを許可するものとす
二　前項の区域は警察署長においてこれを設定するものとし日本人の施設利用は之を禁ずるものとす
三　警察署長は左の営業については積極的に指導を行い設備の急速拡充を図るものとす
　性的慰安施設
　飲食施設
　娯楽場
四　営業に必要なる婦女子は芸妓、公私娼妓、女給、酌婦、常習密売淫犯者等を優先的に之を充足する

（一九四五年八月十八日）

通牒には「本件実施に当たりて日本人（女性―吉川）の保護を趣旨とするものなることを理解せしめ地方民をして誤解を生じせしめざること」、「外国軍の駐屯地区及び時季は全く予想し得ざるところなれば必ず貴県に駐在するが如き感を懐き」あらかじめ性的慰安施設を設置して進駐軍受け入れの準備をするように促しています。

日本が戦争中に中国、東南アジア諸国の占領に際して現地の住民、女性に対して行ってきた性暴力を思えば、今度は日本の女性が同じ目にあうことは明らかです。当時の為政者が強い危機感

を持ち、その対策として「性的慰安施設設置」を全国に指示しました。しかも営業に必要なる婦女子として芸妓、酌婦に加え常習密売淫犯者、つまり犯罪を行った女性まで含めて対象としており、「一般婦女子を守るため」なりふり構わぬ慌てぶりが示されています。

当時の日本の為政者の頭のなかには二種類の女性が存在したのでした。即ち米兵の性暴力から守らなければならない女性と、米兵に差し出す女性と。そして米兵の慰安所に提供された女性の数は「最盛期には7万人、閉鎖時には5万5000人の女性がRAAに働いた」と推定されています（藤目ゆき『性の歴史学』不二出版1999年、P327）。戦争が終わってなお、「慰安婦」にされた女性たちがいたことを決して不問に付すことは出来ないのです。

2 証拠がないと居直る政府

私は敗戦当時4歳でした。都会ではこんなことが行われているとはつゆ知らず信州の田舎で暮らしていました。後年、私がたまたま図書館である県の『警察100年史』を読んでいると、米兵のための「慰安所」設置が「苦労話」として載っていました。興味を持って次々各県の『警察100年史』を読むとどの県の「警察史」にもこのことが掲載されているのです。これが私の問題意識を持つきっかけです。1970年代に各県警が創設100年を迎えて『警察100年史』

が書かれた時期でした。

1996年11月、私は参議院決算委員会で政府の責任を追及しました。そして、米兵のために「慰安所」の設置を全国の警察に指示した内務省警保局長通牒、『外国軍駐屯地における慰安施設に関する件』（1945年8月18日付け）を提出するように政府に求めました。

しかし政府はこの「通牒」を提出しませんでした。私は肝心な公文書のないまま質問を行わざるを得なかったのです。

しかし私は、政府が「慰安所」を設置させたもう一つの証拠、米軍の「慰安所」設置を記録する公文書を事前に発見しました。「昭和二十年九月四日　米兵ノ不法行為対策資料ニ関スル件」（写真下）です。この公文書は米軍に接収され一時、米国立公文書館に保管されていましたが1948年日本に返還され、太平洋を往復して、現在は公文書館で保管されているものです。その文書には、「婦女子強姦予防トシテハ（八）米兵慰安所ヲ急設スルコト　進駐決定セル時ハ付近適当ナル場所ニ慰安所を急設スル事云々」と記されています。明らかに政府が「慰安所を作った事実を証明する証拠たるもう一つの公文書があったのです。

私はこの文書を読み上げるように山本説明員に求めましたが、彼は「警察庁で保管している文

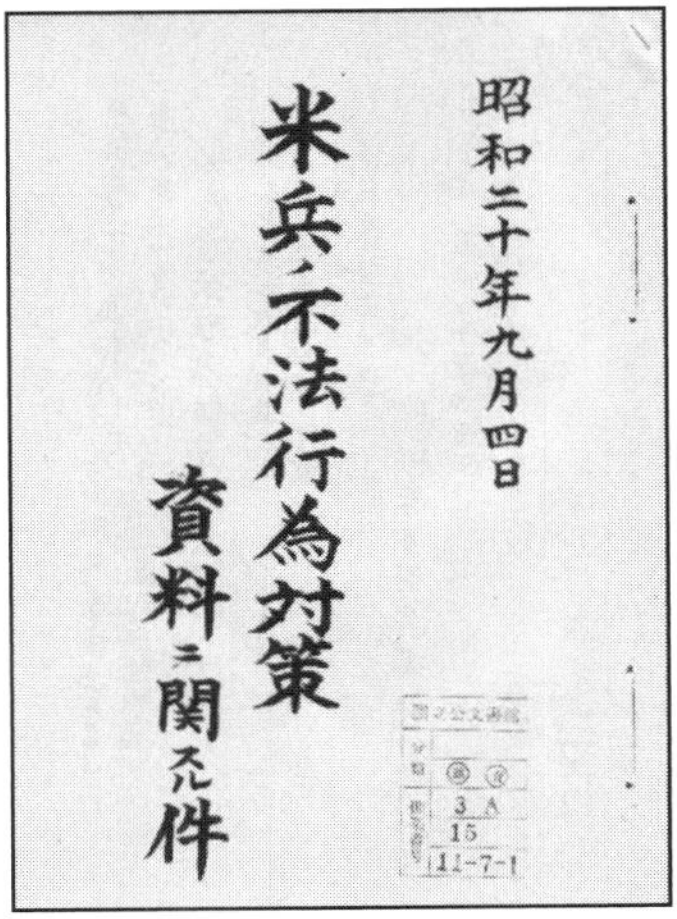

「米兵ノ不法行為対策資料ニ関スル件」

書ではない」と読み上げることさえも拒否しました。米兵「慰安所」と警察庁との関係をうかがわせるような事態を避けようとする官僚の姑息なる態度に呆れます。

そして、「各県警が女性を集め『慰安所』を設置した事実を認めるか」との私の質問に対して、「各県の警察史の記述があることを知っているが各県警が独自に作成したもので、警察庁は何らの関与も行っていない。従ってコメントできない」（説明員山本博一・警察庁長官官房総務審議官）と否定したのです。

私は梶山静六官房長官に政府の責任を追及しました。長官は、「委員（吉川春子）のいう事が一部か全部か定かにはできないが、昭和二十年というあの混乱期を考えると、確かに悲しい、それから主権をもっていない日本の縮図ではあった。もしもそれが全部そうだったとしても、私は警察官を責めるわけにはいかない。そういうものが占領軍の名においてなされたのかどうか、定かにする方法を自分は持っていない。勉強してみる」という責任逃れの答弁でした。

長官は、現場の警察官が勝手にやった、とか、あるいは進駐軍の指示でやったなどと匂わせ、政府の責任は認めません。46都道府県（沖縄を除く）の警察、あるいは少なくとも埼玉県史、東京都の記録にある、米軍の「慰安所」設置について明らかに政府が指示している、それを認めずに、地方自治体の判断でやったか、進駐軍の命令でやったか……などと逃げているのです。

私が質問した1996年はすでに敗戦から50年余が経過し、女性の人権思想、女性への性暴力撤廃の国際世論が高まり、第2次大戦直後とは格段の進歩を遂げているにもかかわらず、事実さかなりません。

え認めない、ということは驚くべきことです。これは歴史的事実の抹殺であり歴史修正主義にほ

3　公文書管理の徹底を

政府は、1945年8月18日付け内務省警保局長通牒を国会に提出しない理由について、「当庁においては保管していない」（前出の山本博一説明員）の一点張りです。なぜ保管していないのか。政府は敗戦直後、占領軍が来て発見されれば戦争犯罪になるおそれのある資料を組織的に破棄あるいは焼却しました。その中に含まれているのでしょうか。

答弁では「戦後内務省が解体され、警察制度が根本的に改革されたうえ、新たに警察庁が設置されたもので、この経緯からご指摘の文書については公式に引き継ぎがなされておらないことによる」と言い訳しています。

私は「内務省の解体に伴い、書類は全部警察庁に移管した」という『戦後自治史』（自治省の自治大学校が昭和40年代発行）を示しました。また、GHQのマーカム少佐が内事局廃止に伴う指示を出し、「昭和23年政令で内務省解体、その機能及び職員の処置についてははっきり規定すること……書類がどこに移管されたかを明示すること」等の指示を出していることを指摘しました。

しかし、「当時の警察法に規定された国家公安委員会所掌事務の範囲内において内事局第1局から国家公安委員会に事務の移管がなされたことを意味する。すでに廃止されたご指摘の制度（米軍の「慰安所」を意味する）については国家公安委員会に引き継がれようがない」（傍線・吉川）などとぬけぬけと答弁しています。私は文書管理が非常に悪いと官房長官に強く指摘しました。

そもそも行政組織の中でも上命下服の性格の強い警察が、上級機関の命令なしに都道府県警が一斉に「慰安所」の設置などという事を下部組織で整然と速やかに行うはずがありません。しかもみんな喜んでやったわけではなく、「警察史」をひも解けば「慰安所」設置で走り回った現場の怨嗟（えんさ）の声が聞こえてきます。

公文書管理について総理を追及

国会での追及に対して、重要書類を「保管していない」の一言で許すわけにはゆきません。私は『外国軍駐屯地における慰安施設に関する件』質問主意書（1998年10月）で保管について再質問（末尾に資料2）しました。仮にそうであってもその事の教訓から文書処理の方法を改善するとか、何らかの事後処置が必要です。以下は質問主意書での小渕総理との、文書を通じたやり取りを一問一答に直したものです。

質問（吉川参議院議員）「同文書を引き継いでいない」と小渕総理の回答だが、それでは連合軍司令部民生局のマーカム少佐の内務省解体に伴う記録の移動について具体的な指示を実行したのか

答（小渕総理）指示に基づくいかなる措置を取ったかは記録が存在しない

吉川　旧内務省警保局の公文書は現在どこに保管されているのか

小渕　保管状況については記録が存在しないから確認できない

吉川　霞が関の旧自治省ビル建て直しで引っ越しの際、膨大な旧内務省関係資料の行方について、⑴発見された資料の内容、⑵発見された資料を整理して公開すべきだ

小渕　平成七年自治省の仮庁舎移転準備で保有資料の総量調査をしたが、旧内務省の膨大な資料があることが判明した事実はない。慰安婦関連資料はプライバシーに配慮して公表している

（中略）

吉川　国の行政にかかわる文書等の管理と保存の総括責任者はだれか。文書の保存、廃棄、公開について具体的には誰が決めているのか

小渕　国の行政機関の公文書等の管理及び保存の具体的判断は、各行政機関の文書管理規則で定められたものが行っている。国立公文書館に移管されたものは同館の館長の責任において行っている

このように総理もまったく無責任な答弁に終始しています。

質問を契機に内務省警保局の文書を大量に発見

決算委員会の質問終了後も私はあきらめず、いろんな文献を調べ、内務省文書の行方を追い、心当たりの場所を引き続き警察庁に探すように要請しました。その結果、1997年、内務省警保局の膨大な公文書が警察大学校から発見されました。その公文書はそっくり国立公文書館に移管されました。

そして1999年8月、国立公文書館が大きなファイル2冊の目録を私の事務所に届けてきました（写真下右）。早速私は国立公文書館に行ってどんな資料が発見されたのかを確かめました。幅1メートル、高さ2メートルほどの書棚2つにびっしり収まった内務省関係資料を確認しました。

なお、この旧内務省の文書大量公開のニュースは日経、読売等大新聞でも大きく報じられました。読売新聞は2

警察庁が移管した内務省警保局の資料を保管する国立公文書館書庫の書棚を見上げる吉川（1999年8月16日）

同時に発見された警察庁資料の目録のファイル

ページを割いて公文書の内容を詳報しています。報道記事では「これらの資料が保管されていたのは警察大学校の一室。『内務省当時とは警察制度が根本的に変わっていて、内務省時代の資料は引き継いでいない』としてきたが九六年十一月、共産党参議院議員に指摘されたことなどから同大学校での保管を確認、昨年二月に同文書館に移管した」と報じています（1999年8月15日読売）。

『慰安婦』資料のほか、『特高月報』『特高外事月報』等、それまで警察庁が国会で追及されても存在を認めなかった資料も一緒に出てきました。その時の目録を国立公文書館が「資料をコピーすると膨大なので目録だけ」と吉川に届けてきました。

〈当時の「赤旗」の記事〉

旧内務省警保局の公文書802点を公開

吉川参議院議員の質問がきっかけ

国立公文書館は、戦前において全国の警察を統括し、現在の消防庁、厚生省、労働省などを含む強大な権限を持った旧内務省警保局に関する公文書八百二冊を（一九九九年）十三日に公開しました。十六日に視察に訪れた吉川春子参議院議員に対し国立公文書館側はこれらの文書が公開されるきっかけとなったのは、九六年十一月の参議院決算委員会における吉川議員の質問であることを示唆しました。

吉川議員は、敗戦直後に旧内務省警保局が米進駐軍に対する慰安施設の設置を各県の警察に指示した警保局長通達の提出を求めましたが、警察庁は「内務省の資料は公式に引き継いでいない」「探したがない」と答弁。吉川議員は、警察大学校に資料があるはずと追及し、公開を求めていました。

その後、警察大学校の一室に保管されていることが確認され、九八年二月に国立公文書館に移管されました。公開された公文書は、一八九三年（明治二十六年）から内務省が解体される一九四七年（昭和二十七年）までの内務大臣や警保局長の決裁文書や通達、特高警察関係の資料や、これまで未公開であった「外事警察報」第一号から第二三号など貴重な公文書が多数含まれています。

しかし吉川議員が決算委員会で要求した警保局長通達をはじめ、敗戦直後の一九四五年八月十六日から八月二十五日の九日間の警保局長の決裁文書が一切ありませんでした。また、一九〇五年のポーツマス条約締結に対する不問による日比谷焼き討ち事件や、一九二三年の関東大震災の際の警防団による朝鮮人虐殺事件など、国政にとって重要な事件に関する旧内務省警保局関連の公文書が欠落しています。

吉川参議院議員の話
明治二十年代から昭和二十二年まで、未発表の外事警察報をはじめ、権力が国民生活のすみずみまでつかんでいた文書が公開された意味は大きい。同時に私が要求した一九四五年八月十八日の通達など、終戦直後の九日間の決裁文書が皆無という事がわかり、都合の悪いものは消してしまうという不当なやり方に怒りを禁じえません。

政府に公文書管理の徹底を求める

警察大学校から重要な文書は大量に発見されましたが、結局、私が決算委員会で要求した警保局長通牒をはじめ、敗戦直後の１９４５年8月16日から8月25日の９日間の警保局長の決裁文書が一切ありませんでした。敗戦直後から米軍が日本へ進駐するまでの間、不都合な公文書は廃棄したという事です。太平洋戦争前の日本には公文書を残すという考えすらなかったのでしょうか。我が国は公文書保管の面からも文明国の基準に達していなかったのです。

私は参議院議員になって初めての所属委員会は文教委員会となり、文書館（もんじょかん）が身近になります。文明国の要件は３つの施設、即ち図書館、博物館、公文書館の存在だという事も知りました。埼玉県立公文書館、山口県立文書館等の先進的な地方自治体の公文書管理を視察しました。当時、国立公文書館さえも整備されていませんでした。敗戦時に平気で多くの公文書を組織的に廃棄・消却するという行為が可能だったのは、公文書管理システムの遅れが大きな原因です。

今なお日本は公文書館制度が大変遅れていて、国立公文書館でさえ大変少ない人数でこれを担っています。日本の国立公文書館職員が数十人に比べて、私はアメリカのナショナルアーカイブズ（国立公文書館）を視察して数千人の職員が働いていることにびっくりしました。

公文書の扱い（廃棄か保存か）について日本は第三者（機関）がチェックする体制もその専門職の制度化も遅れています。各省庁にまかせれば自分達にとって不都合な文書は残さないでしょう。

こうした問題を反省し改善してこなかった事が、安倍内閣のあのモリ・カケ事件で公文書廃棄を許したのではないでしょうか。

政府は強制連行でなければ「慰安婦」ではない、と「慰安婦」の勝手な定義を行い、その上で強制連行を示す資料がなかったと平然と答えています（２００７年辻元清美衆院議員質問主意書）。「慰安婦」制度を創設したプロセス、「慰安婦」の名簿、等の文書を保管しなかった自らの責任を棚上げしています。

日本軍「慰安婦」の強制連行を否定し、また、米進駐軍に女性を提供した事実を認めない、２つの問題に共通していることは自ら証拠を紛失或いは隠滅・廃棄しておきながら、証拠がないと言い張ることです。基本的人権を守るためにも、政府に対して公文書保管・管理を徹底させることが必要です。

4　朝鮮戦争と奈良R・Rセンター

２０１７年10月2日、私は知人に奈良のＲ・Ｒセンターのあった場所へ案内されて、朝鮮戦争の時にも形は変わっても敗戦直後と同じように日本女性が米兵に事実上提供されていた事実を知りました。

「奈良Ｒ・Ｒセンターは１９５２年5月1日に、4月28日のサンフランシスコ講和条約発効と同時に、日米行政協定に基づいて、奈良市内の旧横領町に開設されました。これは朝鮮戦争から5日間だけ帰休する兵士の休息・元気回復を目的とした宿泊施設で、日米安保条約に基づく両国の行政協定によって１９５２年5月1日に奈良県旧横領町に設置されました」（「newsletter No11アジア・ジェンダー文化学研究センター」奈良女子大学、２０１２年発行）

同センターが設置されると、その周辺はあっという間に帰休兵士用のカフェー、バー、キャバレー・レストラン、ギフトショップなど70余軒が開店し……戦場から帰休する兵士たちはここで5日間の自由時間が与えられ、一人がセンターで20万円前後を散財、センター街に落ちる金額は1カ月で1億円とも言われました。

「帰休兵を相手に仕事をしよう」とばかり、歓楽街に全国から１０００人とも２０００人ともいわれる女性が集まって来ました。女性達と米兵を仲介するポン引きも集まり、平城宮跡の南に位置した「Ｒ・Ｒセンター」一帯は性売買の基地と化していったのです。

週1回の性病検査、合格者に安全バッジ

1946（昭和21）年、GHQによる公娼制度の廃止の指令を受け、3月1日奈良県は貸座敷業を廃止しました。ここまでは他の都道府県と同じ対応です。

しかしその数年後、朝鮮戦争勃発とともに日本の米軍基地はアメリカの恰好な前線基地となりました。

1951年には奈良市は「売春取締条例」を制定しました。休暇を終え再び戦地に向かう兵士に性病が蔓延するのを防ぐために、県予防課では歓楽街の業者が中心になって「奈良駐留サービス協会」を設置させ、接客婦300人に会員になってもらい、米兵相手の女性を協会に登録させ、週1回の性病検査を受けさせたのです。「性病に罹患していないことが証明されればバッチを与えこれを身につけることで『安全な女性』と米兵に知らせるシステムだった。……しかし隠れた多くの売春婦もおり、性病の状況は暗闇の中のように図りがたいものがあった」（江夏香菜「R・Rセンターと古都の退廃」奈良県女性100年史㊻他）

R・Rセンター傍（そば）の小学校教師は、毎朝……

小学校の道路の向かい側に建つ「都跡村役場跡」の碑（吉川撮影）

「R・Rセンター」のあった付近、旧・都跡村には真新しい碑が建っていて（前頁の写真）、道路を隔てた向かい側には小学校があります。当時教師は朝早く学校に来て水路に投げ捨てられているたくさんのコンドームを拾い、子どもの目に触れないようにすることが日課であったということです。

売春婦を間借りさせている家の3年生の子どもは、「どんなことがありましたか」の教師の質問に、「勉強を見に来る」、「パンパンが風呂に入っている時、アメリカ兵がたばこをくれと言って入ってくる」、「障子の影でキスをするのが見える」等々……児童の小さな目が好奇心を持って眺めています。小学生の中で「〝パンパンごっこ〟という遊びが流行したり……近辺の子どもたちへの悪影響が心配される」と報告されています。（同上「古都の退廃」）

反対運動に立ち上がった大学・地域住民

こうした中、労働組合、大学教職員と学生、宗教者、地域住民の反対運動が活発化しました。また、映画『饗宴』が当時のそうそうたる俳優を使って製作されました。経過を簡単に記します。

1952（昭和27）年9月「R・Rセンター廃止期成同盟」結成（奈良ユネスコ協会、奈良総評、奈良教職員組合）

1953（昭和28）年8月、奈良R・Rセンター調査団（奈良学生ユネスコ、奈良学芸大、奈良女子大学生）の調査行われる
8月12日、奈良R・Rセンター、神戸市への移転決定
8月24日、米海兵隊4000人が奈良市に駐留開始、「R・Rセンター廃止期成同盟」は、「奈良市非武装都市建設同盟」を結成
9月12日、神戸R・Rセンター開設
9月26日、奈良R・Rセンター完全閉鎖
12月、映画『饗宴』ロケ開始、翌年公開（出演・望月優子、三島雅夫、東野栄次郎、中原早苗他）

平城京の美しい門が幹線道路から見えます。そこを車で少し通り過ぎると、R・Rセンター跡付近、都跡村役場跡の碑と小学校があります。まさに平城京という日本の古代の中心地の真ん前で、アメリカ兵の性の狂乱の地となったのです。「語られてこなかった奈良の歴史のひとつが『奈良R・Rセンター』（Nara Rest and Recuperation Center）」です。

「一般の女性の貞操を守るために兵士相手の女性を集め『守られるべき女性』と『彼女を守るべき女性』の構図がつくられました。後者の女性達は戦争で働き手である親や夫を失い自活を余儀なくされたものだった」（「戦争と女性―奈良R・Rセンターが問いかけるもの」松村徳子（「奈良女子大アジア・ジェンダー文化学研究センターNo.11）と指摘されています。

1953年同施設は地元の反対運動の成果で奈良から神戸に移転し「神戸R・Rセンター」が開設されたとあります。その後どうなったのかについて今、私には情報がありません。女性たちがその後どうなったのか引き続き調査をしたいと思います。

日本人「慰安婦」問題を過去の問題にしてはならない理由はここにもあるのです。

5　米兵の「慰安所」と憲法24条

○憲法24条とベアテ・シロタ・ゴードン

よく知られているように、日本国憲法の制定過程においてGHQの民主的な草案が示され、特に憲法第24条はベアテ・シロタ・ゴードン女史の起草で、それまで日本の封建的な家父長制の下で苦しんでいた日本女性を救うという目的をもったものでした。

「日本の女性が幸せになるには何が一番大事かを考えた。……子どもが生まれないというだけで離婚させられる日本女性、……法律的には財産権もない日本女性、これを何とかしなければいけない」

「当時の私は……昭和の時代に入っても農村の子どもが口減らしのために子守に出されたり、

丁稚奉公に出されていることを知っていた。……農村が飢饉の年は、〝娘売り〟が頻発することは、ロウストさんが会議のたびに口癖のように繰り返して説明した。そうした状況をなくすには貧困をなくすしかない。憲法には絶対に子どもの立場からの子どもの権利について書いておく必要があると考えていた」（『１９４５年のクリスマス』ベアテ・シロタ・ゴードン著、平岡磨紀子構成・文）。ゴードン女史は女性と子どもの人権保障の条文を盛り込むよう努力しました。憲法第24条はこうした一人の女性の奮闘によって実現したものです。

ついでながら、後年（２０００年、平成12年5月2日）参議院に憲法調査会が設置され第1回審議の参考人の一人にアメリカからベアテ・シロタ・ゴードン女史が招かれ、女性たちから熱烈に歓迎されたことを思い出します。私も調査会において彼女に短時間の質問をする機会を得ました。

また、長年続いてきた日本の公娼制にピリオドを打ったのもＧＨＱです。昭和21年1月21日、日本帝国政府宛に発せられた「日本における公娼制廃止に関する連合軍最高司令官覚書」には次のように記されています。

一　公娼制の存続はデモクラシーの理想に違背し、且つ全国民における個人の自由発達の相反するものなり。

二　日本政府は直ちに国内における公娼の存在を直接乃至間接に認め、もしくは許容せる一切の法律および外、他の法規廃棄し、無効ならしめ……如何なる婦人も直接間接に売淫業務に契約し、もしくは拘束せる一切の契約並びに行為を無効ならしむべし」（『日本婦人問題集成』第一巻

＝人権）

これはゴードン女史が起草した憲法24条の趣旨と矛盾しません。

しかるに、米進駐軍のために全国で女性を集め「慰安所」を設置しこれを米兵の利用に供する如きは、憲法24条はもちろんこの覚書にも真っ向から反するものです。進駐軍の兵士たちは戦地さながら日本女性の「性的サービス」に群がり、日本人女性たちは政府公認、米当局黙認の下、お金のために自尊心と人生を踏みにじられる、そうしたことが白昼堂々首都東京をはじめ全国で繰り広げられていました。米進駐軍の「慰安所」設置に対してＧＨＱが日本政府に注意を促し警告を発し、止めさせたという事実は伝えられていません。同時期、日本国憲法制定に精力を注いでいたマッカーサー司令部はなぜ、これを黙認したのでしょうか。

また、日本政府の米占領軍兵士に「慰安婦」を提供した事実を今なお認めない姿勢は論外という他ありませんが、アメリカの矛盾に満ちた占領政策の一断面を私は注視すべきと考えます。民主主義を掲げる米占領軍の原則論と現実に行った行為との乖離（かいり）について、米占領政策をジェンダーの視点から、しかと問い直す研究と運動の必要を痛感します。

〈資料その1〉

第１３８回国会・参議院・決算委員会会議録（抄）１９９６（平成８）年11月26日

（敗戦直後、政府は米兵に日本女性を提供）

○吉川春子君
（略）警察庁あるいは内政審議室に伺いますが、この政策（従軍「慰安婦」の事、吉川注）は敗戦後も引き継がれて政府は同様のことを行っているわけですが、日本政府の日本兵のための慰安所経営の政策、これは敗戦後、アメリカ軍の日本進駐に伴って、今度は米兵に対して日本女性を提供するという政策につながったわけですね。

米占領軍進駐の一週間後の昭和二十年九月四日付で発せられた。内務省保安課長から警視庁特高部長、大阪府治安部長あてなどの「米兵ノ不法行為対策資料ニ関スル件」について、この資料を知っていますね。慰安所の設置についてどう書いてありますか。

まず、公文書館の方から、そういう資料はありますか。

○説明員（関根康文君）　公文書館でございます。

御指摘の米国からの返還文書でございますが、昭和四十九年の一月に当館で移管を受けまして、以後公開にいたしている、こういう状況にございます。

○吉川春子君　警察庁、そこに米兵慰安所の設置について書いてありますね。ちょっとその部分だけ、一行でいいですから読んでください。警察庁です。

○説明員（山本博一君）　今、先生御指摘の文書につきましては、当庁においては保管いたしておりませんので、お答えいたしかねるところでございます。
○吉川春子君　保管いたしていないということと、こういうものが出されてあるということと別でしょう。公文書館で保管しているんですが、警察に関する資料だから読んでくださいというふうに申し上げたんですけれども、お読みになれないようなら私が読みましょう。
その資料の「対処策」に「婦女子強姦予防トシテハ」という「い」のところに「米兵慰安所ヲ急設スルコト　進駐決定セル時ハ付近適当ナル場所ニ慰安所ヲ急設スルコト」云々と、このように書かれています。

（1945年8月18日の内務省通達が、ない！）
これは九月四日なんですけれども、それよりもっと前に、敗戦のわずか三日後、昭和二十年八月十八日に発せられた外国軍駐屯地における慰安施設に関する内務省警保局長通達、この内容を読んでください。
○説明員（山本博一君）　ただいま御指摘になりました文書につきましても、御指摘があり調査いたしましたが発見されず、警察庁におきましては保管をされていないものと考えておりますが、引き続き調査を行っているところでございます。
○吉川春子君　もう二週間以上探しているんですよね。土、日も出て探しているということですが、これはなくしたんですか。
○説明員（山本博一君）　鋭意探しておるところでございますが、発見には至っておりません。
　これは、戦後、内務省が解体され、警察制度が根本的に改革されました上、新たに警察庁が設置されたものでありまして、これらの経緯からいたしまして、御指摘の文書につきましては公式に引き継ぎがなされておらないことによるものと思われます。
○吉川春子君　これは自治省が戦後、内務省の解体ということで「戦後自治史」、自治大学校が昭和四十年代に発行している本なんですけれども、ここにこの書類は全部警察庁に移管してありますと書いてあるんです。あなた方が発行した本なんですよ。
　それによりますと、内務省が崩壊しまして、昭和二十三年三月に内事局は新しい警察制度の発足に伴って国家公安委員会にその所管事務を移管して、国家地方警察本部及び国家消防庁がその事務を処理することになったと。司令部のマーカム少佐は、内事局廃止に伴う指示を出し、政令で内務省解体、その機能及び職員の処置についてはっきり規定すること、そして職員がどういう方面に分散し書類がどこに移管されたか明示すること、さらに職員と書類は一緒にしてはならないと指示を出しているんです。あなた方の資料で私は知りました。それでもないと言うんだったらば、なくしたんですか、隠しているんですか。

（内務省事務文書を、国家公安委員会は引き継がない、と強弁）

○説明員（山本博一君）　今、先生が御指摘になりました昭和二十六年一月十六日付の文書につきましては私どもも承知しておるところでございますが、この内容はあくまでも昭和二十三年当時の警察法に規定された国家公安委員会の所掌事務の範囲内において内事局第一局から国家公安委員会に事務の移管がなされたことを意味するものと考えられます。したがいまして、既に廃止されました御指摘の制度等につきましては、国家公安委員会に引き継がれようもありませんし、また引き継がれておらないということでございます。
○吉川春子君　うそを言わないでください。あなた。この本を読んだことがありますか。この本にちゃんとそういうふうに書いてあって、そういう指示がなされていると書いてあるんですよ。この本を読みましたか。ちょっとそれだけ、読んだか読まないかだけ。あなたが読みましたか。
○説明員（山本博一君）　二十三年一月十六日付の文書については……
○吉川春子君　読んだか読まないかだけでいいです。
○説明員（山本博一君）　その本は読んでおりません。
○吉川春子君　ここにその書類をどこにやったか政令で決めなさいということもちゃんと書いてあるし、そしてきちっと処置するように司令部の指示が出ているわけです。それで、私たちは警察大学校にあるというあり場所まで教えてあげたでしょう。それでもない、ないと言うのは、官房長官、本当にこれは非常に文書管理が悪いですよ。そして、アメリカに接収された文書は、さっき公文書館が認めたように四十八年に戻ってきて公文書館にあるんですよ、太平洋を往復して。

ところが、日本にずっとあるその通達がなくなっちゃっていると。あるいは隠しているのかもしれません。そういう態度で従軍慰安婦関係の書類も一切警察は出さないんです。これはまことにけしからぬことだということを私は厳しく言っておきます。

（各県警が、米兵のために慰安施設を設置）

それで、私が伺いたいのは、その通達に基づいて各県警が米兵に対する慰安施設を設置し、いろいろなことをやっているわけですね。そういう事実があるかどうかちょっと確かめてもらいたいというふうにお願いしておきましたけれども、どうでしたか、警察庁。

○説明員（山本博一君）　先生の御指摘は、各県の警察史の中にそのような記述があるということかと存じますが、各県の警察史のそれぞれにつきまして私ども承知はしておるところでございますが、各県警がそれぞれ独自に作成したものでありまして、警察庁としては何らの関与も行っておらないところでございます。したがいまして、これらの内容につきましてはコメントする立場にはないと、こういうふうに考えておるところでございます。

○吉川春子君　私、各県の警察の歴史を、これ幾つか、重いですからその一部を持ってきております。

（これほどの人権蹂躙はあり得ない）

それで、例えば埼玉県の県史あるいは「さいたま女性の歩み」にはこう書いてあります。

敗戦から三日後の八月十八日、内務省警保局長は、各庁府県に対して、「外国軍駐屯地における慰安施設について」という無電通牒を発した。占領軍慰安施設として各県の警察署長は、性的慰安施設、飲食施設、娯楽場を積極的に設定整備するようにという通牒である。その際、営業に必要な婦女子は、「芸妓、公的娼妓、女給、酌婦、常習密売淫犯者等を優先的に之に充足すること」と指示した。

この占領軍対策は、「一般婦女子を守る」防波堤であるといわれたが、同じ日本の女性の一部を占領軍兵士に向けて公用慰安婦として日本国政府が施策化したこと、しかも、業者の搾取の自由を保障したことにおいて、これほどの女性の人権蹂躙はあり得ないことであった。

こういうふうに書いてあります。


(警察保管の旧娼妓名簿から……外国人相手の復職を頼んで歩く)

それから、こういう職務に当たった現場の警察官の声も紹介しておきます。これは「広島県警察百年史」に書いてあります。四百十四ページにこういう記述があります。

連合軍の本土進駐にあたり、国民がもっとも心配したのは「婦女子が乱暴されるのではないか」ということであった。閣議においても種々論議が重ねられ、八月十八日には警保局長から全国警察部長あてに「占領軍に対する性的慰安施設の急速な設営を実施すべき旨」指令した。まことに残念なことであるが、占領軍人に対する性的慰安施設を設営するという、いわば幇間まがいの仕事を警察がせねばならなかったのである。当時の警察官の苦衷、屈辱感まことに察するに余りがある。

警察署保管の旧娼妓名簿から前職者らの住所、氏名を調査し、彼女らの住む山村あるいは漁村に向かって面接勧誘するとか、あるいは現役の娼妓、芸妓、酌婦、密売いん者等、かつては取締対象者であった彼女らに対して、外人相手の復職を頼んで回るとかしたもので、（＊ママ）

このようにつらい思いで勧誘した要員五百人を、ようやく九月末日までにはそれぞれの場所に送り込むことを得、米軍主力部隊が到着した十月七日を期して営業が開始される運びとなった。

こういうことについて、一切知らない、通達もなくした。こういうことであなたは責任逃れできると思いますか。

○説明員（山本博一君）　広島県警の警察史にそのような記述があることは承知いたしているところでございますが、先ほども申し上げましたように、戦後、内務省は解体されまして、警察制度が根本的に改革され、新たに警察庁が設置されたものでありまして、警察庁といたしましてはお答えする立場にはないものと考えております。

○吉川春子君　官房長官、こんなの通達なくして現場の警察がやったとすれば余りにも重大だし、しかし、これだけいろんな警察の歴史に全部出てくるんですよ。それをあずかり知らないことだなんて、そんなこと許されないと思うんです。

官房長官にお伺いしたいんですけれども、言ってみれば日本の恥ずかしい部分ですね。白日のもとにさらしたくない部分です。しかし、やっぱりこういうことも明らかにして、今、これはよくなかった。こういうことをやったのは正しくなかったと、そういう反省すべきときに来ていると思いますけれども、官房長官、この点についてはいかが感想をお持ちでしょうか。

（官房長官「主権をもっていない日本の悲しい縮図」）

○国務大臣（内閣官房長官）梶山静六君　残念ながら、今までそういう記述や話を伺う機会がございませんでした。

委員の言うことが全部であるか一部であるか、それは私は定かにできませんが、やはり昭和二十年というあの混乱期を考えると、確かに悲しい、それから主権を持っていない日本の一つの縮図ではあった。もしもそれが全部そうだとしても、私はその時代の警察官を責めるわけにはいかない。そういうものが占領軍の名においてなされたのかどうか、これは残念ながら定かにする手段、方法を今私は持っておりません。私なりに勉強してみたいと思います。

○吉川春子君　占領軍がやったんじゃないんですね。日本政府がやったんです。現場の警官がやったんじゃありません。これは政府がやらせたんです。だから今、勉強したいとおっしゃるので、官房長官、私はその言葉に期待します。ぜひ調査して、こういうことに対してきちっとしていただきたいと思うんです。（以下略）

〈資料その II〉

質問主意書・1998（平成10）年10月16日

「外国軍駐屯地における慰安施設設置に関する内務省警保局長通牒」の保管等に関する件　小渕恵三内閣総理大臣vs吉川春子参議院議員

日本の若い女性を占領軍に差し出すというとんでもないことをしておきながら、それを指示した公文書がいまだに国会に提出されないなどという事を看過できません。その後2年経過しますが未だ提出しません。以下は内務省通牒をいまだに提出できない理由は何か、1998（平成10）年に質問主意書（文書質問）の内容と総理の答弁です。質問書と答弁書の二つの文書を組み合わせてわかりやすく表示します。なお、文書でのやり取りである性質上、私は総理答弁に対する反論はしていません。

質問第一一号

「外国軍駐屯地における慰安施設設置に関する内務省警保局長通牒」の保管等に関する質問主意書

右の質問主意書を国会法第七十四条によって提出する。

平成十年十月十六日

吉川　春子

参議院議長　斎藤　十朗　殿

答弁書第一一号

内閣参質一四三第一一号

平成十年十一月十日

内閣総理大臣　小渕　恵三

参議院議長　斎藤　十朗　殿

参議院議員吉川春子君提出「外国軍駐屯地における慰安施設設置に関する内務省警保局長通牒」の保管等に関する質問に対し、別紙答弁書を送付する。

「外国軍駐屯地における慰安施設設置に関する内務省警保局長通牒」の保管等に関する質問主意書

前文

政府は第二次世界大戦に敗北した直後、米進駐軍のための性的慰安施設の「開設」を全国の警察に指示した。

即ち、昭和二十年八月十八日付「外国軍駐屯地における慰安施設設置に関する内務省警保局長通牒」と昭和二十年九月四日付「米兵の不法行為対策資料に関する件」（内務省保安課長から警視庁特高部長、大阪治安部長宛（国立公文書館保存））が発せられ、これにもとづいて各都道府県警察は、全国的に数万人規模の女性を集めて、各地に性的慰安施設を開設した。

「従軍慰安婦」は主として外国人女性であったが、今度は日本人女性を対象としたものだった。これらはいずれも女性への暴力であり、女性の人権を侵害する許しがたいものである。私はこの問題を九六年十一月、決算委員会で取り上げた。当時の梶山官房長官は、女性に対する暴力一般については「女性に対する暴力、それは確かに女性の人権そのものに対する侵害である」「人権擁護上も看過できないと認識している」と答弁した。

しかし政府は、「慰安婦」集めについては「各県の警察史の中にそのような記述があることは承知しているが、警察庁としては何らの関与も行っていない」（山本博一警察庁官房総務審議官）、「いままでそういう記述や話を伺う機会がなかった」（梶山官房長官）と答弁している。しかも政府は右の「内務省警保局長通牒」をいまだに提出していない。情報公開制度の創設は今や大きな世論であるが、公文書等の保存はその前提である。以下、女性の人権にかかわる重要問題について明らかにし、国民の知る権利を守るためにも、重ねて質問する。

一、旧内務省の公文書等の保管と公開について

吉川春子（以下「吉川」と略）政府は一九九六年十一月二十六日の参議院決算委員会で私の質問に対し、昭和二十年八月十八日付「外国軍駐屯地における慰安施設設置に関する内務省警保局長通牒」について、「鋭意探しておるところでございますが、発見には至っておりません。」と答弁した。その後、改めて警察庁に調査を求めたが、今日に至るまで同文書は提出されていない。

それは何故か。故意に廃棄したのか、それとも紛失したのか。
小渕恵三総理（以下「小渕」と略）　警察庁においては、御指摘の文書について誠実に調査を続けてきたところであるが、発見に至っていない。また、警察庁には、同文書を引き継いだ記録はない。
吉川　自治大学校発行の「戦後自治史」には、旧内務省警保局の所掌事務は、旧内務省廃止の際に臨時に設置された機関である内事局を通じて、国家公安委員会、警察庁、消防庁等に移管されたと記されている。しかし、警察庁は、一九九一年四月一日の参議院予算委員会において、「内務省時代の資料を一切引き継いでおりません」と答弁している。
　所掌事務が引き継がれながら、公文書等が一切引き継がれていないのは何故か。
小渕　戦後、内務省が廃止されるとともに、警察に関する制度が根本的に改められており、警察庁においては、御指摘の資料を引き継いでいないところである。
吉川　内事局の解体の際、連合軍総司令部民政局のマーカム少佐は「内事局の廃止をはっきりと規定し、かつ、内事局の職務および処置を明らかにしなければならない。」「庶務課および会計課が廃止されたことを明らかにし、かつ、記録が移された場所を示すべきである。かつ、これらの二課の職員は、記録と一緒に移動してはならない。」と明確な指示を出している。この指示に基づく措置はその通りに実行されたのか。
小渕　御指摘の指示に基づいていかなる措置がとられたかについては、記録が存在しないため、確認できない。

吉川　旧内務省警保局の公文書等は現在どこに保管されているのか。もしないとすれば、いつ、どのように処分されたのか。

小渕　内務省警保局の公文書等については、現在、米国からの返還並びに警察庁及び自治省からの移管を受けた国立公文書館並びに自治省消防庁にその一部が保管されている事実が判明しているが、その他のものの保管状況については、記録が存在しないため、確認できない。

吉川　政府は、当然引き継がれるべき、旧内務省の公文書等が引き継がれていない責任をどう認識しているのか。

小渕　政府としては、各行政機関は、その所掌事務を遂行するために必要な公文書等を保管しているところであると認識している。

吉川　自治省のビル建て直しのための引っ越し準備の際に、膨大な旧内務省関係の資料があることが判明した（九四年十一月六日）が、この中には、歴史的に貴重な資料が含まれている可能性は大きいと思われる。吉川春子、西山登紀子、須藤美也子、阿部幸代の四名の参議院議員は、九五年十一月十三日の質問主意書において、警察庁関係等の資料について早急な調査と整理、公開を求めたが、その時点では明確な回答が得られなかった。引き続き以下の点について質問する。

⑴発見された資料はどのようなものであったのか。⑵発見された資料は分類、整理の上、国民に公開すべきではないか。

小渕　平成七年の自治省の仮庁舎への移転の準備に当たり、同省の保有する資料の総量について調査したことは事実であるが、その際に膨大な旧内務省関係の資料があることが判明したという事実はない。
　なお、いわゆる従軍慰安婦及び外国軍駐屯地における慰安施設に関係すると思われる資料については、プライバシーに配慮した上で原則として公表しているところである。

二、公文書の保管と公開の制度について

吉川　歴史的事実を正しく次代に引き継ぐためにも公文書等を適切に管理し保存することの重要性は、今日においても同様である。防衛庁装備品の調達をめぐる背任事件で、防衛庁による組織ぐるみの証拠隠滅工作が行われた疑いが濃厚となってきているが、このような行為を断じて許してはならない。以下、現在の公文書等の取り扱いについて質問する。
　1　公文書館法第三条は、「国及び地方公共団体は、歴史資料として重要な公文書等の保存及び利用に関し、適切な措置を講ずる責務を有する。」と規定している。国の行政にかかわる公文書等は、国の責任において適切に管理、保存すべきと考えるが、政府の見解を問う。
小渕　国の行政機関の保有する国の行政にかかわる公文書等は、国の責任において適正に管理及び保存すべきものであり、各行政機関において、文書管理規則等を定め、その適正な管理及び保存に努めているほか、各行政機関の文書管理規則等により「永年保存」と定められている等の公文書等で非現用となったものについては、「情報提供に関する改善措置等について」（昭和五十五年五月二十七日閣議了解）に基づく「公文書等の国立公文書館への移管及び国立公文書館における公開措置の促進について」（昭和五十五年十二月二十五日各省庁連絡会議申合せ。以下「各省庁連絡会議申合せ」という。）により、国立公文書館に移管し、同館において適切に管理及び保存を行うこととしているところである。

吉川　国の行政にかかわる公文書等の管理と保存について、総括的に責任を持つのは誰か。また、公文書等の保存、廃棄、公開などについて具体的には誰が決めているのか。

小渕　国の行政機関の保有する国の行政にかかわる公文書等の管理及び保存は、当該公文書等を保有する各行政機関の長の責任において行われている。また、これらの公文書等の保存、廃棄及び公開についての具体的な判断は、各行政機関の文書管理規則等において定められた者が行っている。ただし、国立公文書館に移管された公文書等については、同館の館長の責任において、適切に管理及び保存を行うとともに、各省庁連絡会議申合せに従い、目録作成等必要な作業が終了したものの公開についての判断を行っているところである。

吉川　公文書の保存、廃棄、公開の判断は、恣意(しい)的な判断を排除するため、文書発行の当該行政庁ではなく、国立公文書館等、国の専門的な機関で専門家によって行うべきではないか。

小渕　国の行政機関の保有する公文書等は、その所掌事務を遂行する必要上保有しているものであり、その保存、廃棄及び公開については、第三者の権利利益や行政事務の適正な遂行に及ぼす影響等を当該事務を所掌する行政機関において勘案し、判断することが適当と考える。現在、国会に提出している行政機関の保有する情報の公開に関する法律案（平成十年閣法第百二号）においても、行政文書を保有する行政機関が行政文書の保存、廃棄及び開示についての判断を行うこととした上で、これを適正に行う仕組みについて規定しているところである。

なお、国立公文書館に移管された公文書等については、歴史資料として重要な公文書等を保存し、閲覧に供する機関としての同館の専門的見地からの検討も踏まえ、同館において適切に保存及び公開を行っているところである。

吉川　4　本来保管するべき公文書を、故意または過失で、破棄または紛失等をした場合にどのような責任が問われるのか。

小渕　国の行政機関の職員が、現に当該行政機関において使用に供され、又は使用の目的をもって保管されている公文書を故意に破棄した場合には、刑法（明治四十年法律第四十五号）第二百五十八条の規定により公用文書等毀棄罪として処罰の対象となるものとされている。

また、国の行政機関の職員が、保管すべき公文書を故意又は過失により破棄し又は紛失した場合において、国家公務員法（昭和二十二年法律第百二十号）第八十二条各号のいずれかに該当するときは、同条の規定により懲戒処分の対象となるものとされている。

第五章　日本人「慰安婦」はジェンダー平等の根幹

1　政府追及から立法解決へ

1991年、韓国人「慰安婦」の金学順さんが自ら「慰安婦」の被害者であることを名乗り出て日本政府に損害賠償を求めて提訴し、この問題が一挙に国際社会に知れわたることになりました。私は92年1月に参議院会館の会議室で韓国人の被害女性2人から直接話を聞いて、漠然と知っていた問題が一挙にレンズの焦点が合って責任を突き付けられた思いがしました。この問題を女性の国会議員である自分が解決しなければならないという義務感で、以後政府の責任を追及しました。本会議をはじめ予算、決算、内閣、総務、外交防衛の各委員会、憲法調査会、行革税制特別委員会等あらゆる機会をとらえてこの問題を取り上げました。

私が政府の責任追及一辺倒から立法解決へと舵を切ったのは、１９９８年の関釜裁判の山口地裁下関支部の判決で国会議員の立法不作為責任が問われたことでした。判決は「遅くとも『河野官房長官談話』が出された１９９３（平成５）年８月４日以降早い段階で特別賠償立法を為すべき義務を怠った」と指摘しました。

国会は唯一の立法機関（憲法第41条）なので、政府を追及するよりも自ら法律を作ってその内容を政府に実行させせることができる、そのことを裁判所が指摘したのです。

裁判所の指摘通り「河野談話」から5年もの間、なぜ立法作業に着手しなかったのか。私は「慰安婦」問題に遭遇してどうすればいいのか、当初途方にくれました。当時は「慰安婦」も多くは60歳代で若く、少なくない数の元「慰安婦」が国会内外の集会や私の事務所に直接来て体験を訴えました。私はたくさんの集会に足を運び「慰安婦」問題を学びました。

山口地裁判決の頃は、私なりに「従軍慰安婦」問題の輪郭をつかんでいました。私は早速「日本共産党戦後処理問題対策委員会」（委員長・吉岡吉典参議院議員、事務局長・吉川）で立法作業に取り掛かり、２０００年7月、『「従軍慰安婦」問題解決促進法案』を参議院に提出しました。

この時期は、日韓のＮＧＯ（民間団体）の運動の成果もあり、20世紀の問題（「従軍慰安婦」問題）は20世紀中に解決しなければならない、との世論も高まっていました。

１９９９年5月13日参議院総務委員会で私の質問に対して野中官房長官は「この問題は日韓条

約で解決済み」と政府の従来の見解を表明しつつ、一方で「政治家個人としては韓国の従軍慰安婦問題をアジア女性基金にとどまらない解決策を講じて、今世紀中に解決する必要を感じている」と表明しました。

前年1998年10月8日、訪日した金大中(キムデジュン)韓国大統領と小渕恵三首相との間で署名された「日韓共同宣言」で、「日本が過去の一時期、韓国国民に対して、植民地支配のより多大な損害と苦悩を与えた事実を謙虚に受け止め、これに対し、痛切な反省と心からのお詫びを」表明(外務省ホームページ1998年10月8日)しました。こうした情勢が野党の立法作業への機運を高めました。

野党3党がそれぞれ「慰安婦」問題解決の立法作業に着手。野党法案が出そろって法案を1本化して2001年3月、民主党、日本共産党、社民党の野党3党が「戦時性的強制被害者(従軍慰安婦)問題解決促進法案」として参議院に提出しました。(法案の内容は吉川春子著『翔びたて女性達』2003年、『女性の政治参加』2016年)

2　野党3党法案が日本人「慰安婦」を除外

3野党の法案一本化の話し合いで一つの焦点になったのは、この法案の対象に日本人を含めるか否かという点です。私が当然と考えていた日本人を含めるべきとの主張を、民主、社民両党は受け入れませんでした。性奴隷とされた女性たちに謝罪・補償等を行う法案から日本女性だけを除外することは、私には全く理解できませんでした。しかし法案提出期限が迫っており、これを逃すと法案の提出がもう1年先になるとのタイミングもあり私は他の2党に妥協しました。

3野党法案『戦時性的強制被害者問題解決促進法案』の第二条では、「戦時性的強制被害者」とは戦時における性的強制により被害を受けた女性であって、旧戸籍法（大正3年法律第二六号）の規定による本籍を有していたもの以外の者であったもの（第二条）」としています。これは、当時、内地人であった日本人女性を本法に定める措置の対象に含めないとするものであり、したがって、「旧戸籍法の規定による本籍を有していた者以外の者であった者」とは具体的には、「当時において朝鮮や台湾の出身者であった外地人及び、外国人を指すことになるものである」としています。法案から日本人「慰安婦」を排除する理由について、藤目ゆき大阪大学教授は、「『日本人は売春婦／公娼だから外しておかないと支持されない』という事情があったのではないか。女性の人権問題であるから日本人『慰安婦』を排除する意味はない」（『慰安婦問題の本質』白濁社2015年）と批判しています。

「売春婦／公娼だから」（謝罪や補償はいらない……）という攻撃は、韓国、中国の「慰安婦」は売春婦とされる女性ではないにもかかわらず、日本の右翼勢力から常に浴びせられた言葉です。また、植民地にも日本の遊廓はどんどん進出しており、そこの女性も「慰安婦」にされていたと思いますが、彼女達が名乗り出ていたとの記録は私は見ていません。この問題も運動と研究の対象です。

本書で見てきたように、日本人「慰安婦」はほとんどが遊廓から送られた公娼である可能性が強いのです。そのことが日本人「慰安婦」への謝罪・補償問題が一向に浮上しないまま今日まできている理由だと私は考えています。

3　名乗り出る韓国人「慰安婦」、名乗り出ない日本人「慰安婦」

韓国では「慰安婦」の金学順さんのカミングアウトに続いて百名をはるかに超える元「慰安婦」の被害女性が名乗り出ました。これに比べ日本人の「慰安婦」はただの一人も名乗り出ておらず、又日本政府の責任を追及していません。この差は何でしょうか。

韓国には70年代から日本植民地時代の性暴力を研究し告発する運動があり、それが金学順の名乗り出につながりました。女性団体が結集して韓国挺身隊問題対策協議会（挺対協）を結成して被害女性の尊厳を守り生活を支える運動を展開し、「慰安婦」が安心して名乗り出られる受け皿になってきました。残念ながら日本には日本人「慰安婦」の名乗り出を促し支える団体も運動もありません。

韓国も儒教の影響で女性に貞操を求める思想が国民の間に強くあります。

山下英愛・立命館大非常勤講師は「この問題が半世紀の間浮上しなかった韓国社会の家父長的

性格に対する問題を含んでいたのである」（『ナショナリズムの狭間から』明石書店2008年）との指摘もあります。

他方、韓国国民の日本の植民地支配に対する怒りが、「慰安婦」問題を国民的課題ととらえ被害者が名乗り出やすい世論につながったとの指摘もあります。「運動が進む中で運動主体側にも、大衆世論の側にも徐々に前者の側面、即ち韓日間の国家的、民族的事案であるという側面のみを強調する傾向が表れた」「大衆的正論が民族問題として高まるにつれ、多くの元「慰安婦」たちが被害者であると名乗り出ることのできる雰囲気が形成された」（山下・同書）のです。

山下英愛氏は、日本人「慰安婦」問題がすっかり影を隠してしまった理由の1に「韓国や台湾の運動家たちも娼妓出身者の日本人『慰安婦』を自分たちと同列に置くことには同意しなかった」事をあげています（山下『新版　ナショナリズムの狭間から』岩波現代文庫P244）。

1993年8月(河野官房長官談話発表時)に韓国の運動側が「声明」を出しいます。（「河野談話」は）「『戦地に移送された慰安婦の出身地としては日本人を除けば韓半島出身者が多い』となっている。しかし日本人女性は性奴隷的性格の強制従軍慰安婦とはその性格が明らかに違う。日本人慰安婦は当時、日本の公娼制の下で慰安婦になり、お金をもらい、契約を締結したのであり、契約が終われば慰安婦生活をやめることができた。日本人慰安婦をさりげなくこの報告に含めたのは強制従軍慰安婦の性格を曇らせるためであると思われる」。山下氏はこうした運動主体側の「慰安婦」に関する認識にも女性を二分化する旧態依然さを引きずる面があった、と批判しています

（山下英愛『ナショナリズムの狭間から』Ｐ１４０）。

韓国の運動側の「日本人女性は性奴隷的性格の強制従軍慰安婦とはその性格が明らかに違う」との事実認識には驚ろかされます。韓国の「慰安婦」問題解決の運動は日本のＮＧＯに大きな影響を与えてきました。そのことが結果として、日本人「慰安婦」の不可視化につながったとしたら残念です。

日本人「慰安婦」が名乗り出られない原因は、この問題が韓国の女性運動で明らかになるまで政府が「慰安婦」問題を徹底的に隠してきたことによって「慰安婦」問題の存在自体を女性たちが知らなかったこと、加えて、日本人「慰安婦」は遊廓の公娼であるので自分の意志で、或いは金儲けのために「慰安婦」になった、という右翼勢力の攻撃とその影響を受けた国民の意識があります。何よりも、日本社会にある性暴力被害者への偏見、差別意識が日本人「慰安婦」の名乗り出を困難にしてきた最大の要因です。

日本人「慰安婦」問題は日本女性の人権問題です。韓国など諸外国の運動に学びつつ日本独自の人権運動を構築すべきでした。それが不十分であったことは反省材料です。

4　フラワーデモと日本人「慰安婦」の居場所

○ハリウッドから始まった #MeToo（ハッシュタグ・ミートゥー）

映画大好き人間の私は、これまでどれだけたくさんのハリウッド映画を見たことでしょう。ここもやはり男性支配の殿堂だったのです。スターの座を獲得するために多くの女性の俳優たちが大物プロデューサーの性暴力に泣いていた事実は驚きです。彼女たちがようやく声を上げプロデューサーを告発したのです。物証が乏しい中、弁護団も相手が「同意があった」等と主張し有罪になるか否か予断を許さなかったといいます。

しかし陪審員は有罪の評決を下し、2020年3月12日、ニューヨークの裁判所はハリウッドの元大物プロデューサー、ハーヴェイ・ワインスタイン被告（67歳）に女性へのレイプ等の罪で禁固23年を言い渡しました。彼に対し90人以上が被害を訴えており、これをきっかけに「#MeToo」（ハッシュタグ・ミートゥー）の運動は世界に広がっています。

日本でもレイプやセクハラなど性暴力の被害者が声を上げて、性暴力を黙認しない運動が広がっています。伊藤詩織さんに対する元TBS記者の準強姦行為を検察は不起訴としましたが、彼女は果敢にたたかい、2022年7月に民事裁判で勝訴しています。さらに伊藤さんは、2022年10

月20日東京高裁で自民党の杉田水脈衆院議員（総務政務官）がツイッター上の中傷記事に「いいね」を押したことに対し損害賠償を求めた控訴審で、東京高裁は杉田氏に55万円の支払いを命じました。

○自衛隊で日常的な性暴力

元陸上自衛官の五ノ井里奈さんは２０２１年の6月〜8月、訓練中に複数の軍隊の屈強な「兵士」から性暴力を受けました。YouTubeで告発した結果多くの署名が集まり、防衛省も無視できなくなって防衛大臣が遺憾の意を表明、加害の自衛官を懲戒免職に、所属の中隊長を停職6カ月の懲戒処分とし、その他計9名が処分されました。この件に関連して特別監査を行った結果、自衛隊員から１４００件以上の被害が寄せられ、性暴力が日常化している実態が明らかになりました。また「国家安全保障戦略」などの安保3文書には「ハラスメントを一切許容しない」との文言が盛り込まれました。

２０２３年3月17日福島地検は、陸上自衛隊郡山駐屯地部隊に所属していた3人の元自衛官を強制わいせつの罪で在宅起訴しました。昨年5月嫌疑不十分で不起訴処分としていましたが、五ノ井さんが検察審査会に申し立てた結果です。

「五ノ井さんが国家・自衛隊を相手にたたかう事は、どれほど大変な事だったかと思います。五ノ井さんには味方がいなかった。セクハラ・性暴力が起きていると知っていても止められるはずはないとみんなが諦めている。そういう中で人生をかけて訴えたわけです」（「『慰安婦』問題とジェンダー平等ゼミナールニュース」第52号）。重要なことは、自衛隊という国家機関の中で性暴力の実態が明らかになったことと、被害者の毅然（きぜん）とした態度とそれを応援する運動・世論がこの事件のもみ消しを許さなかったことです。

これまで見過ごされてきた痴漢行為に対しても犯罪という認識が高まり、取り締まりが強化されて、関東では警察庁、警視庁と鉄道各社が痴漢撲滅キャンペーンを行うなど新たな動きも起きています。

東京都が張り出した『痴漢は犯罪です』の大きなポスター（都営地下鉄駅構内）

（別紙）

共同掲出ポスター
「どうしました？」「大丈夫ですか？」

知らない人だけど、
知らないふりはしない。

その一言で、その勇気で、救われる方がいます。

みんなの勇気と声で痴漢撲滅
駅や車内で、痴漢被害にあわれた方は駅係員、車掌、警備員または警察官までお知らせください。

痴漢・盗撮は犯罪です。

痴漢撲滅には、周囲の協力が不可欠です。

痴漢被害にあった際の通報は110番
#9110

2022年6月関東エリアの鉄道事業者21社局と警視庁、警察庁、埼玉、千葉、神奈川県警による痴漢撲滅キャンペーンのポスター

○実の父親の娘に対する常習的レイプ

なかでも、被害者が声をあげることが特に困難な事例は父親による性暴力ですが、父親の性暴

力に対し娘達も立ち上がっています。

２０２０年3月12日、名古屋高裁は実の娘に対する準強制性交罪に問われた被告の父親（50歳）に対して、懲役10年の逆転有罪判決を言い渡しました。被害者は中学2年生の頃から、父親である被告人から性的虐待を繰り返し受けていました。「準強制性交罪の要件として「抗拒不能」は……「相手方に於いて物理的又は心理的に抵抗することが著しく困難な状態であれば足りると解すべきだ」としています。当然の論でしょう。

しかし一審の名古屋地裁岡崎支部では、「逆らうことが全くできないような強い支配服従関係」といった厳しい成立範囲を要求して無罪でした。判決の根拠は「日常生活では被害者は被告人の意にそわない行動をとっている」ことが「抗拒不能状態を否定する事情だ」とします。しかし控訴審は「性的虐待が行われている一方で普通の日常生活が展開されているということは、虐待のある家庭では普通の事であるとされる」と〝反論〟しています。そして、被害者がどんなに傷ついているか、次のコメントを見れば明らかです。


〈判決後の被害女性のコメント〉

☆　「逃げようと思えば逃げられたんじゃないか」と言われるが、それができなかった理由は幼少期に暴力を振るわれたからです。一人っ子だったらもっと早く訴えられたかもしれない……でも弟たちの事が心配だった。弟たちと離れなくてはいけなくなること、生活が大変になるかもしれない事を考えて、じっと我慢するしかできませんでした」
☆……次第に私の感情もなくなってまるで人形のようでした。被害を受けるたびに私は泣きました。
☆父親に対しては「もう私と弟たちの前に二度と姿を現さないでほしい」

〈一審名古屋地裁岡崎支部の裁判官の感覚〉
☆娘は逆らうことがまったくできないような強い支配服従関係にはなかった
☆被害者（娘）は日常生活の中で被告人（父親）の言いなりに必ずしもなっていなかった
☆被害者が弟らに協力を得て被告人からの性交の求めを断念させたことがあることも抗拒不能でない理由

これは岡崎支部の裁判官に限らない多くの裁判所の感覚です。強姦罪が親告罪であった一昨年までは、被害者が意を決して被害届を出しても、裁判官が加害者（男性）を無罪にしてしまう判決は枚挙にいとまがありません。男性側の主張を取り入れて、性交に合意があったと認定してしまうのです。長年の父親による虐待が抵抗する気力を娘から奪ってしまう事を裁判官は見逃しています。合意なき性交は強姦、との判決を下しやすくするためには刑法改正が必要です。

○栃木県の実父殺害事件～〝家父長制的志向〟から抜けられない最高裁

今を去る50余年前の1968年、栃木県矢板市で当時29歳の女性による実父絞殺事件が起きました。直接的には、殺害の日迄女性は父親によって10日間にわたり自宅に監禁状態にあり、最終的には口論の末殺害したものです。

しかし事件に至る14年間、女性には地獄のような生活があったのです。被告人の女性は14歳から近親相姦を強いられた結果、父親との間に5人の子どもを出産し、夫婦同様の生活を強いられてきました。

そうした中、女性が働きに出た職場で7歳下の相思相愛の恋人が現れ正常な結婚をする機会が巡ってきました。その男性と結婚したい旨を父親に打ち明けたところ激怒し監禁したものです。当時の報道機関は「親子喧嘩の果ての殺人」と報じて父親が娘を長期にわたって強姦していた事実を報道しませんでした。

〈日本国憲法下でも家父長制の法制、尊属殺人罪〉

この事件は最終的に最高裁大法廷で裁かれました。当時刑法には尊属殺（刑法200条）があり通常の殺人罪（刑法199条、死刑、無期、5年以上の懲役）より重く、死刑と無期懲役のみでした。法律に沿って2度の情状酌量をしても、刑の執行猶予は付けられない実刑判決になります。

実父から15年にわたり夫婦同様の生活を強いられ５人の子どもを産まされた地獄のような生活から抜けるチャンスが巡ってきたのに、これを父親から潰される……この同情すべき事例も執行猶予はつきません。一審宇都宮地方裁判所は刑法２００条を違憲とし、情状を考慮し過剰防衛として刑を免除、２審東京高裁は同条を合憲とし懲役３年６月の実刑を言い渡しました。

いかに当時の最高裁と言えども実刑をもって処断するには躊躇を感じる事件でした。最高裁は従来の判例を変更して刑法２００条を違憲と判断したうえで、刑法１９９条を適用して懲役２年６月、執行猶予３年を言い渡しました。

〈裁判官の家父長的思想〉

この「栃木実父殺害事件の判決」は「尊属殺重罰規定違憲判決」と呼ばれていますが、尊属殺の思想を違憲としたものではありません。すなわち最高裁は通常の殺人よりも目上の親族殺害を重く罰すること自体は肯定し、違憲としていません。情状酌量しても執行猶予が付けられないのは余りに刑のバランスを欠くという刑事政策上の判断なのです。裁判官曰く「尊属殺人を定めた刑法第２００条は尊属殺の法定刑を死刑または無期懲役刑のみに限っている点において、その立法目的達成のため必要な限度をはるかに超え、普通殺人に関する刑法１９９条の法定刑に比し著しく不合理な取り扱いをするものと認められ、憲法第14条1項に違反して無効である」としました。

この時代の最高裁の裁判官は女性の人権意識は乏しいと言わざるを得ません。

この尊属殺人罪の規定（刑法200条）が廃止され、刑法より削除されたのはずっと後の1995（平成7）年です。刑法が現代的仮名使いに変更される刑法改正の時に同条は削除されました。こうして日本国憲法の価値観と相いれない尊属殺規定が、戦後50年にわたって存在し続けたのです。日本の家父長制の色濃い司法が今日払拭されたのでしょうか。

父親の娘強姦事件で加害者無罪にした岡崎支部判決は、戸主が一族の女性の生殺与奪の権を握る家父長思想を引きずっていると言わねばなりません。

（2020年3月16日（月）「慰案婦」問題とジェンダー平等ゼミナール・ブログに修正・加筆）

5　性暴力のない社会をめざして

○二種類の女性

私は2021年11月、東京の杉並区の小さなビルの西荻シネマ準備室で一人芝居『あの少女の隣に』（作・演出くるみざわしん、出演・川口龍）を観ました。内容は、1945年8月15日の天皇による日本の敗戦を知らせる国民向けラジオ放送からわずか3日後、1億日本人が虚脱状態にあったその時に、進駐軍のために「慰安所」の設置を命じる通牒を出し、首都圏では飲食業者・

遊廓関連業者等を組織してＲＡＡを作り、その運営に当たらせた（本書第四章を参照）、その顛末(てんまつ)を一人芝居にしたものです。

舞台には椅子が2つ、出演者は一人の男、あとは照明だけというシンプルな舞台装置です。彼は警視庁の一課長、坂下警視総監の命で、米進駐軍ジェームズ大佐の要望に応じて22の施設に「女を世話し」、しかも、将校用、白人兵用、黒人兵用を分けるよう求められる……というシーンから始まります。

アメリカの矛盾に満ちた占領政策と、それに従い、あるいは忖度(そんたく)し、翻弄(ほんろう)される日本政府を痛烈に批判する内容です。日本政府の思想の根底にある、良家の子女を米兵の性暴力から守るという考え、すなわち一方を守るためにもう一方を差し出すという、女性を2種類に分けて対策を練るという思想が舞台では痛烈に批判・風刺されています。

この時日本政府によって集められた女性たちは、米政府の政策の変更（オフリミット）により翌年3月米兵の「慰安所」閉鎖と共に街娼（パンパンガール）となります。

しかも朝鮮戦争勃発により、奈良のＲ・Ｒセンター設置と共に再び多くの女性たちが米兵の慰安のために集まるのです（本書第四章4参照）。女性を2つに分け一方を犠牲にしてもう一方を守るということへの反省は、今日に至るまで――少なくとも私が国会で追及した時まで――変わっていないのです。

○ フラワーデモに見る希望

2019年に3月に、前述した名古屋地裁岡崎支部等4件の性犯罪の案件で次々に無罪判決が出されたことに怒りの声が上がり、フラワーデモとなって全都道府県に広がりました。このデモを呼びかけた北原みのりさんは2022年10月、『慰安婦』問題とジェンダー平等ゼミナール」のワークショップでフラワーデモについて次のように語りました。

「フラワーデモを呼びかけた背景に『慰安婦』問題がある。1991年に声を上げた金学順さんはまさに #Me Too（ミートゥー）の運動であって、#With You（ウィズユー）の運動であったと思う」、「日本で私たちのできることは集まって声を上げる場所を作ってゆくこと、それが私なんだと思いました」と。そしてデモの当日、集まる場所の東京駅の行幸通りに、花を持って多くの女性が集まりました。

「#MeToo で驚いたのは、被害者が自分の事を話したことだった。『話すのはものすごく怖いし、話せると思わなかったけれど、話してみたら怖くなかった』、『話した後も傷が消えるわけではないけれど、話すことで死にたいという気持ちが薄れた』等と、たくさんの話を聞いてきた」と。

性暴力の被害者を蔑視し差別する傾向が強い日本で、自らを被害者として名乗り出ることはどんなにか難しいことでしょう。その殻を破って声を上げ被害者たち、それを支える運動がようやくわが日本でも育ってきたという感動をもって、北原さんの話を聞きました。私にはできなかったことを今、より若い世代が取り組んでいることへの頼もしさを感じました。

もしも、20年早く日本でもこうした運動を起こしていたら、日本人「慰安婦」達も被害を訴え出られたのではないでしょうか。東京駅の駅前広場で花を持って次々と自分が戦地でどんな体験をしたか通行人に語っていたら、おそらく日本の社会は変わっていたでしょう。しかし、わが町に「慰安婦」がいたことさえ隠したい、そんな人権感覚を持つ人が少なくない世間で、「慰安婦」であっても、痕跡も残せないで人生を終えた少なくない女性達がいた……この事実はしっかりと記憶しておきましょう。

彼女たちのカムアウトを可能にすることができなかった私たち世代、でも続く世代が困難を乗り越えて性暴力被害者の居場所を作ってくれている、その力強さに私は希望を見いだしています。

○女性の経済的自立がカギ

今日、女性が性産業で働かざるを得ない、あるいはDV（配偶者暴力）から抜けられない第一の原因は、女性が経済的に自立できないことです。世界に冠たる日本の低賃金、加えて賃金の男女格差、女性の非正規雇用労働者の多さが問題です。政府統計で非正規雇用労働者数は女性の56・1パーセント、男性は22・2パーセント（2018年）です。また、女性就業者のうち、非正規雇用で働く割合は48・5％で、男性（16・6％）の約3倍（2022年「まいなび」）で女性が増えています。

1985年、この年を私は、敗戦後日本が築き上げてきた民主主義の諸成果を崩す方向へ権力側が公然と舵を切ったターニングポイントだったと実感しています。1983年に参議院議員として当選した私はマイナスの方向に向かおうとする見えざる手と必死に戦いました。

それは女性の雇用問題も同じです。女性差別撤廃条約の批准、男女雇用機会均等法の成立等、一見、男女不平等解消の方向に向かう如く見せかけて、逆の方向を指していました。この年、それまでは刑罰をもって禁止されてきた労働者派遣事業が合法化されたのです。小林多喜二の『蟹工船』を引用するまでもなく、労働者派遣事業がどれほど労働者を搾取するものか明らかですが、いろんな理屈をつけて16業種に限って合法化されました。初めの一歩を突破すれば後は簡単、それからは脱兎のごとく改悪に改悪を重ねて、20年も経たない間にほぼ全産業に派遣労働が可能になったのです。今その惨状は解説するまでもなく明らかです。

また、1990年代に入ると労働法の改悪が目白押しで、財界の要求どおり労働基準法、職業安定法等の改悪がどんどん行われました。1980年代までは雇用の定めのない労働契約が原則でしたが、90年代の労働法制の改悪で有期雇用が原則となり劣悪な労働条件の派遣・パート労働者が大幅に増えたのもこの結果です。

富める者はもっと富み、貧しい者はもっと貧しく……この政治を変えなくては女性への性暴力はなくならないし、貧困、居場所のない若者が犯罪に走ることもなくなりません。女性の人権を守ることはすべての人の人権を守ることです。

あとがき

私は２００９年にビルマ従軍の日本人「慰安婦」の「名簿」を入手、２０１６年に現地調査に着手、そして本書の出版まで14年かかりました。１９９２年に韓国人「慰安婦」の証言を聞いてすぐに問題に取り組んだスピードに比べ日本人「慰安婦」問題には何とゆったりと構えたのか、という批判は甘んじて受けます。私にはそれだけ重いテーマなのです。

私が参議院議員を辞職した２００７年「慰安婦」問題で我が国は国連やＩＬＯだけでなく、米下院、ＥＵ、カナダ、オランダなどから非難を突き付けられています。こうした情勢もあり議員を辞したにもかかわらず、「慰安婦」問題の私への講演依頼が数年で１００回をゆうに超えました。

私が各地に講演に行く密かな期待は、ひょっとしてその地域に元「慰安婦」の女性がいるのではないか、講演をきっかけに彼女達を支える運動が地域から起きてほしい……という事でした。しかし期待は空振りに終わりました。日本社会は元「慰安婦」が地域の人々にそれと知られながら生活できるような生やさしい社会ではないことを、本書の執筆の過程でも知らされました。

執念をもって「名簿」を入手された藤園淑子さんの気持ちに応えたいとの思いと、それを物心で支える多くの仲間がいてこの調査が可能になりました。一方、調査にはいくつかの壁がありほんの少しの事しかわからない結果に終わったことも事実です。

女性たちがどのように生き、悲しみ、喜び、暮らしたかを具体的にはほとんどお伝えすることが出来ません。でもこの方々は日本にまぎれもなく存在したのです。女性の人権を守る責任ある政府が、女性の人権を踏みにじり、社会の片隅に女性を追いやった、その責任を問うべく本書を著す次第です。

この調査に献身的に協力をしてくださった各地の方々に深くお礼を申し上げます。かもがわ出版の三井隆典様には今回はとりわけご面倒をおかけしました。にもかかわらず辛抱強く助言をいただき感謝します。

(了)

2001	13	3.民主,共産,社民野党3党[戦時性的強制問題解決促進法案]を参議院に提出	10.「配偶者暴力防止法」施行(第4回北京女性会議の成果)
2002	14	7.「戦時性的強制問題解決促進法案」を内閣委で審議 12.野党法案の参考人質問	
2006	18		第1次安倍内閣誕生,「河野官房長官談話」を引き継ぐと表明
2007	19	3.参議院予算総括質疑で吉川に安倍総理は「慰安婦」は強制だった,と認める 7.吉川が参議院議員(24年間)引退	3.「アジア女性基金」解散ー国会議員ワシントンポスト紙に「『慰安婦』は公娼、強制の証拠ない」広告.米下院,オランダ,カナダ,EU議会で日本の「慰安婦」制度の責任問う決議。
2009	21	京都市での講演会後、藤園淑子さんからビルマ従軍の「日本人」慰安婦名簿を提供される	
2010	22	5.仲間と共に「『慰安婦』問題とジェンダー平等ゼミナール」を結成	
2013	25	9.「ナヌムの家」の元日本軍「慰安婦」3人が来日.東京,京都で証言(新日本婦人の会、「『慰安婦』問題とジェンダー平等ゼミナール」,アジアーアフリカーラテンアメリカ連帯委員会、民主青年同盟の4団体で企画)	3.韓国新大統領が日本の正しい歴史認識求める. 地方議会の「意見書」は41自治体(2014年6月現在45自治体)に達した.5月橋下大阪市長の「『慰安婦』は必要だった」、「風俗活用」発言が国際的に厳しい批判。
2015	27		12.28「慰安婦」問題で「日韓合意」、日本謝罪し韓国の基金に10億円拠出。韓国の国民反発強い
2016	28	日本人「慰安婦」調査に着手 3月7日天草(YS),8日阿蘇市(SM),8日熊本県八代市(IJ),9日大分県日田(TH),大分県速見郡(TK)＊現住所,10日福岡市中央区(ST),北九州市戸畑区(KT),11日佐賀市(IJ).10月2日天草(YS)2回目調査	
2017	29	日本人「慰安婦」調査 1月17日和歌山県日高郡(KS),5月22日～23日山形県置賜郡(SY),10月2日奈良県宇田川町(TK)＊2回目,本籍地	5.文在寅政権誕生,「日韓合意」は最終的解決ではないと表明 10.ニューヨークタイムズ記者による米映画プロデューサーの数十年に及ぶセクハラ告発記事をきっかけにセクハラ撲滅運動呼びかけられる 10.父親の性暴力に対する相次ぐ無罪判決、これを契機に性暴力告発のフラワーデモが行われる
2018	30	日本人「慰安婦」調査 5月13日～15日天草(YS)3回目調査	11.21韓国文大統領「日韓合意」の「和解・癒やし財団」解散を表明
2022	令和4	5.日本人「慰安婦」調査チーム座談会を実施、9月「慰安婦問題とジェンダー平等ゼミナールニュース」51号から連載開始	

「日本人『慰安婦』を忘れない」年表

0	年号	吉川春子の取り組み	全体の情勢、出来事
1944	昭和19		12.頃笠置慧眼軍医所属のビルマ従軍第二八軍付属の慰安施設、翠香園、曙食堂、八雲荘がペグ—に移動
1945	昭和20		4.ペグ—の「慰安所」の「慰安婦」達もジャングルの逃避行へ。8.14ポツダム宣言受諾.8.18内務省通牒「外国軍駐屯地における慰安施設設置に関する件」発し米進駐軍の「慰安所」設置命じる
1951	26		奈良県で朝鮮戦争で前線の米兵の元気回復センター(R・Rセンター)に反対運動高まる
1958	33		4.1売春防止法施行(赤線消える)
1965	40		6.日韓基本条約調印
1983	58	6,吉川春子,比例代表区で参議院議員に当選	
1990	平成2		7.20笠置慧眼氏『あゝ 策はやて隊』出版
1991	3		12.アジア太平洋戦争韓国人犠牲者請求事件、金学順(キムハクスン)さんら3人の元「慰安婦」も名乗り出て日本政府を提訴
1992	4	1.韓国人「慰安婦」2人の証言を参議院会館会議室で聞く	
1993	5		8.「河野官房長官談話」発し,政府の「慰安婦」への関与,強制認め謝罪,翌日自民党下野
1995	7		「村山談話」閣議決定.村山内閣「アジア女性基金」設立,「償い金」支給事業はじめる
1996	8	11.決算委員会で進駐軍向け「慰安所」設置の責任追及 12.警察庁が日本人「慰安婦」の海外渡航に関する警保局文書を吉川に提出	
1997	9		中学歴史教科書7社に「慰安婦」の記述載る。韓国が日本に対し「アジア女性基金」事業中止求める
1998	10	山口地裁判決を受けて「慰安婦」問題立法作業に着手	山口地裁、国の「慰安婦」補償、国会議員の立法不作為責任断罪。国連「マクドゥーガル報告」で日本に補償と犯罪者の訴追を勧告
2000	12	共産党(吉川ら)「慰安婦」問題解決促進法案」を参議院へ提出	12.東京で「女性国際戦犯法廷」開く、昭和天皇有罪の判決

〈参考文献〉

○笠置慧眼『ああ、策はやて隊（私のビルマ従軍記）』（1990年7月20日 西部読売開発出版部）
○証言『「従軍慰安婦」―ダイヤル110番の記録―』（1995年8月15日 日朝協会埼玉県連合会）
○吉川春子『従軍慰安婦　新資料による国会論戦』（1997年11月1日 あゆみ出版）
○『埼玉女性の歩み―目ざめる女たち―』上巻（1993年3月発行）
○日本婦人問題資料集成第一巻＝人権（1983年5月25日第5刷　編集・解説　市川房枝）
○政府調査『「従軍慰安婦」関係資料集成①（警察庁関係公表資料）』（1997年3月20日第1刷発行 龍渓書舎）
○エンゲルス『家族私有財産国家の起源』（土屋保男訳・1990年初版　新日本文庫）
○藤目ゆき『性の歴史学　公娼制度・堕胎罪体制から売春防止法・優生保護法体制へ』（1997年3月31日 不二出版）
○藤目ゆき『慰安婦問題の本質』（2015年2月27日 白濁社）
○山下英愛『ナショナリズムの狭間から』（2008年7月1日 明石書店）
○山下英愛『新版ナショナリズムの狭間から』（2022年2月15日 岩波現代文庫）
○ベアテ・シロタ・ゴードン〔著〕『1945年のクリスマス　日本国憲法に「男女平等」を書いた女性の自伝』（平岡磨紀子〔構成・文〕1995年10月20日第1刷 柏書房）
○木村総『色街百景』（2014年6月 彩流社）
○吉田昌志編『遊郭と売春』（2008年1月25日 ゆまに書房）
○「『慰安婦』問題とジェンダー平等ゼミナールニュース」第51号（2022年9月20日発行）～53号（2023年3月20日発行）
○『報告集　加害の歴史に向き合う南京・上海への旅』（同右 2018年4月1日発行）

吉川春子（よしかわ・はるこ）
1940年、東京生まれ、中央大学法学部卒業。埼玉県八潮市議、日本共産党参議院議員（４期）。ＤＶ法、児童買春ポルノ処罰法、「慰安婦」問題解決法など、女性の人権にかかわる立法を他党の議員とも協力して取り組む。現在、「慰安婦」問題とジェンダー平等ゼミナール代表。著書に、『アジアの花たちへ――「慰安婦」問題と格闘した国会議員の記録』『女性の自立と政治参加――ある女性参議院議員の歩みとたたかい』（以上、かもがわ出版）、『翔びたて女性たち――美しい性のレボリューション』（ケイアイメディア）、『50番めのハードル』『従軍慰安婦――新資料による国会論戦』（以上、あゆみ出版）など。

深読み Now ⑧

日本人「慰安婦」を忘れない
――ジェンダー平等社会めざして

2023年5月　6日　第一刷発行
2024年2月25日　第二刷発行

著　者　© 吉川春子
発行者　竹村正治
発行所　株式会社かもがわ出版
〒602-8119　京都市上京区堀川通出水西入
TEL075-432-2886　FAX075-432-2869
振替 01010-5-12436
ホームページ http://www.kamogawa.co.jp
印　刷　シナノ書籍印刷株式会社

ISBN978-4-7803-1273-7　C0036